災害報道と
リアリティ

情報学の新たな地平

近藤誠司
KONDO Seiji

DISASTER JOURNALISM AND REALITY

関西大学出版部

【本書は関西大学研究成果出版補助金規程による刊行】

目 次

序　章
災害報道研究をひらく

1　満身創痍の災害報道

　現代日本社会において、"報道の危機"が叫ばれて久しい。フランスに本拠を置く「国境なき記者団（Reporters Sans Frontières）」が毎年公表している「世界報道自由度ランキング（Press Freedom Index）」によれば、2020年度は180の国と地域の中で、日本は66位だった。「顕著な問題がある」国として位置づけられている[1]。

　政権与党とのせめぎあい、SNSとマスメディアのいびつな関係、ビジネスモデルの閉塞・混濁、報道従事者たちの燃え尽き症候群やモラルハザードなど、内外から鋭く課題が突きつけられている。こうしたなかで、もちろん忸怩たる思いを抱いている情熱的なジャーナリストが数多くいるのも事実である。それぞれのポジションで、それぞれの挑戦をいまも果敢に続けている。そのことに対して、もっと社会は敬意を払い、叱咤ばかりではなくエールも送ることができるとよいだろう。

　ところで本書では、報道という営みのありかた全般について議論することは企図していない。それは、筆者の手には到底おさまりきらない、あまりにも大き過ぎるテーマである。そこで、セカンドベストとして、あるいはステップボードとして照準したのは、「災害報道のベターメント（betterment）」を目指すことである。このテーマは、巨大災害や局地災害のリスク[2]・[3]が高まっている現代社会において、さらにいえば、新型コロナウイルス感染症などの未知なるリスクが連続的に到来しうる「人新世」（大澤, 2021）において、まさに、社会の要請に合致した喫緊の課題であると考えるからでもある[4]・[5]。

日本で、"災害情報"（not 災害報道）が社会心理学の関心事となったのは、廣井によれば、1970年代頃のことだという（廣井，2004）。マスメディアによる「災害報道」のありようは、この「災害情報論」という学術的なカテゴリーにおいて、注目すべき研究テーマのひとつとして検討されてきた。たとえば1995年の兵庫県南部地震（災害名は阪神・淡路大震災。以下、そのように表記）をめぐる災害報道においては、取材の過集中[6]やプライバシーの侵害、報道ヘリコプターによる騒音など、さまざまな課題が見出され、すくなくとも研究上は重要な画期となった（たとえば、野田，1995; 廣井，1996; 小城，1997; 安富，2012）。しかしながら、その議論が報道の現場においてベターメントにつながったのかといえば、そのように断言するのは難しい状況にあると言わざるをえない。

　いまいちど災害報道の現場を見渡してみれば、さまざまな課題が積み残されたままであることが、容易に理解できるだろう。代表的な問題群をリストアップしたものが、**表0-1**である（李・近藤・矢守，2013）[7]。筆者が本研究に着手してまもなく発生した2011年の東北地方太平洋沖地震（災害名は、東日本大震災。以下、そのように表記）においても、災害報道をめぐる問題はあちこちで引き起こされていた。その多くは、阪神・淡路大震災の際にも、繰り返し指摘されてきたことであった。

表0-1　災害報道をめぐる主な問題

1	センセーショナリズム
2	映像優先主義
3	集団的過熱報道
4	横並び
5	クローズアップ効果
6	一過性
7	報道格差
8	中央中心主義
9	プライバシーの侵害

　また、津波避難をめぐる緊急報道のミスリードや、被災地支援をめぐる復興報道の社会的逆機能（social dysfunction）、さらには、取材活動の地域的な偏りに至るまで、「マスメディアの超えるべき課題」（関谷，2012）の数々を指摘する声は枚挙にいとまがない[8]。

　最近では、このような閉塞した状況を論難する言葉として「報道災害」というフレーズが使われたり（たとえば、上杉・烏賀陽，2011）、もっとセンセーショナルに「報道の脳死」と言い切ったりするような著作が登場している（烏賀陽，2012）[9]。

　事態は、もはや等閑視できない状況にある。ひとつ問題が起きるたびに"一事が万事"と受け止められて、報道全体の信頼性が根底から揺らぐ。そして、2020年になると、新型コロナウイルス感染症が世界で拡大感染し、日本も困難に見舞われている。これを「感染症災害」とみなせば、コロナ報道もひとつの災害報道であると言える。日々、誠心誠意、身を粉にして注力している従事者が多い災害報道の領野は、いま、まさに満身創痍と言ってよい状況にある。

2　対症療法ではなく根本治癒を

　これまでに何度も議論の俎上に載せられてきた「災害報道のベターメント」の問題に関して、解決に向けたあらたな一歩を踏み出すためには、虚心坦懐に理論の立脚点を問いなおしたり、実践上のアプローチを替えてみたりすることが求められるのではないか。これが、本書の核となる問題意識である。満身創痍の災害報道に対する処方には、特効薬はない。しかしだからといって、場当たり的な対症療法に終始するのではなく——その効用が芳しくないことは、すでに周知の事実なのだから——、根本治癒を目指したものでなければならない。

　そこで筆者は、問題の急所を、以下の2点にしぼって検討することにした。ひとつは、従来、災害情報の「送り手」と「受け手」を峻別して、前者には前者に向けたアプローチを——たとえば、記者のスキルアップなど（たとえば、花田・廣井，2003; 黒田，2005など）——、後者には後者に向けたアプローチを——たとえば、市民のメディア・リテラシー教育など（たとえば、今野，2004; 渡邉，2007など）——を別個に採用することを前提としてきた、いわば"二

項対立的"なマスコミュニケーション・モデルの再検討である。のちに詳述するが、本研究ではこの点に関してあらたな理論フレームの構築をおこなうため、火山学の知見にもとづき、〈住民・行政・メディア・専門家〉の四者のインタラクションをとらまえた、岡田・宇井の「減災の正四面体モデル」(岡田・宇井, 1997; 岡田, 2008) を援用している。

　もうひとつの急所は、災害報道でやりとりされる「情報」という概念そのものの再検討である。これものちに詳述するが、本研究では、普遍的な意味や価値を持つと擬制された「情報」——本書が照準しているのは、とりわけ災害情報ということになる——に関して、その内容の高度化・精緻化を推し進めるばかりであった従来のアプローチを、批判的に継承していく。そこでは、人々が日常の中で体験している「リアリティ」——空間的にも時間的にも、ローカルな多様性・多層性を前提として現前する、世界の有意性構造 (Berger & Luckman, 1966＝2003) ——の観点からも事態をとらえなおすことの重要性を提起する。前述した「減災の正四面体モデル」をふまえるならば、関係当事者たちが単に「情報」を伝達しあう過程としてとらえるのではなく、「リアリティ」を共同で構築していく動的な過程として再定位することになる。ここにおいて「減災の正四面体モデル」は、「リアリティの共同構築モデル」として修正される。

3　本書の構成

　本書は、四部構成で編まれている。

　第Ⅰ部では、既往研究を概観したのち、あらたな理論フレームの提起をおこなう。まず**第1章**では、災害報道とは何かを、その機能に着目して再定義する。続く**第2章**では、災害報道に関する研究状況を概括し、これまで情報の送り手と受け手の"二項対立的"な図式でとらえられてきた災害報道のマスコミュニケーション・モデルを再検討する。そして**第3章**で、災害報道をめぐる問題閉塞を打開する手がかりとして、火山学の「減災の正四面体モデル」に着目し、その特性と限界を整理したうえで、普遍・不変を擬制した「情報」の概念と、日常世界で体験している「リアリティ」の概念の区別をおこない、後者、「リアリティ」の観点からも事態をまなざすことの意義を指摘する。そして、災害

報道のありようをトータルにモニターするためのあらたな理論フレームとして、「減災の正四面体モデル」を修正した「メディア・イベントをめぐるリアリティの共同構築モデル」を提起する。

　第Ⅱ部では、**第Ⅰ部**で準備された理論フレームをもちいて、災害マネジメントサイクル（disaster management cycle）に沿って、災害報道の局面ごとの課題の再検討をおこなう。**第4章**では「緊急報道」における課題抽出を、**第5章**では「復興報道」における課題抽出を、**第6章**では「予防報道」における課題抽出を、それぞれ実際に報道されたテレビ放送等の内容分析をもとにおこなう。

　第Ⅲ部では、**第Ⅰ部**と**第Ⅱ部**から浮かび上がってきた課題をふまえて、具体的にどのような実践活動が「災害報道のベターメント」に適合しているのか、筆者が取り組んでいるプロジェクトの中から、大きく3つの具体例を紹介する（**第7章〜第9章**）。

　最後に**第Ⅳ部**で、総合的な考察をおこない、あわせて本書の課題と展望をまとめる（**終章**）。ただしそのまえに、コロナ報道を念頭に、「インフォデミック」（情報の拡大流行）という社会病理の諸相（リアリティ）を——現時点で筆者が掌握した範囲内ではあるが——分析しておいた（**第10章**）。偏りも不足も大いにあることを自覚しながらも、しかしいまのうちに筆者のリアリティを書き留めておく価値があると考えたからである。

　本書の核心部分は、**第Ⅰ部**の理論編にある。多忙をきわめる読者にとってみれば、このパートは、迂遠で冗長に感じる"まわり道"かもしれない。また、一読すると、ペダンティックな空論が並んでいるように感じるかもしれない。その場合は、**第Ⅱ部**（分析編）・**第Ⅲ部**（実践編）で関心のある事例に先にふれていただき、最後に**第Ⅰ部**に戻ってみることをお勧めしたい。

　防災・減災報道という"終わりなき"営みに大勢が取り組むなかにあって、本書が夢と希望と活力を生み出す一助となれば幸いである。

〈補注〉

　1）　詳しくは「国境なき記者団」のホームページを参照のこと。日本に関しては「編集部門が、経済的利益を優先する巨大な「系列」の方針に左右される状況が続いている」ことなどが指摘されている（なお、日本経済新聞社の2020年4月22日の記事「報道

自由度、日本66位」も参照）。さらに、本稿を執筆しているさなか、最新の情報がリリースされた。それによれば、日本は世界報道自由度ランキングの順位をまたひとつ下げて、67位にランクインしている。慣習や経済的利益に阻まれて権力監視の役割を十分に果たせていないことなどが指摘されている。中位グループに定着してしまっていることに、事態の深刻さを見ないわけにはいかない。

2) 美馬（2012）は、リスクとは「その社会の望ましいあり方（社会秩序）とは何かという文化的価値観（しばしば道徳と結び付く）をもとにして規定される社会現象」（p.36）であると定義している。本研究も、同様の立場に立つ。さらに美馬は、リスクを「たんに個人の心理傾向や情報伝達の正確さという側面だけではなく、望ましい社会についての集合的価値観との関わりのなかで理解」（p.38）しなければならないと指摘している。この文脈における「集合的価値観」の概念が、本研究にいう最広義の「リアリティ」と重なっている。

3) 矢守・吉川・網代（2005）や矢守（2011）は、リスクを「ニュートラルなリスク」と「アクティブなリスク」の2つに分類している。前者は、当事者の営みに依存しない「danger」に相当し、後者は、当事者の営みに依存して構成される「risk」に相当する。矢守の指摘するとおり、現代社会では「ニュートラルなリスクのアクティブ化」が起きており、アクティブなリスクが台頭している。ベック（1986＝1998）の言葉を借りて、「リスク状況においては、意識が存在を決定する」（矢守，2011:p.30）点に着目するならば、もはや「アクティブなリスク」が“環境化”した事態にあると言ってよいだろう。この点に関連して、リュシアン・フェーベルを引いたバウマンの次の言葉に注視すべきである。"Peur toujours, peur partour"（不安は常に、至るところに）（Bauman, 2006＝2012）。さらに、このことを災害報道の課題に引き寄せて警句として記すならば、ヴィリリオ（2005＝2006）のいう「アクシデントを演出する社会」の到来ということが指摘できるだろう。なお、近代化の過程とリスクの関係を簡潔に論じたものとして、山田（2007）がある。

4) バウマンの言によれば、「強制的自己決定」（Bauman, 2000＝2001）の時代が到来したということになるだろう。

5) 今田（2013）は、「健康リスク・経済リスク・家族リスクは、生活リスクのトロイカをなす」と述べているが、災害リスクや感染症リスクは、それらを根底から揺さぶるものとして措定される。

6)「取材の過集中」は、日本社会においては「メディア・スクラム」と表現される場合が多い（たとえば、池上，2008）。しかし、本来の意味からすれば、「メディア・スクラム」とは、当局の権力的な作用に対して、メディアがスクラムを組んで対抗することを意味していた。したがって、「メディア・フレンジー」（media frenzy）と

呼ぶべきだとする主張も有力である（たとえば、浅野，2007; 堀江・上杉，2011）。本研究では、いずれのカタカナ語も採用せず、端的に日本語で表記することにした。なお、「取材の過集中」のケース・スタディを数多く扱った著作として、松本（2006）がある。また、徳山（2013）は、「和歌山毒物カレー事件」を例にあげて、「メディア・スクラム」の実態がメディアを通じて伝播することによって、「メディア不信」をメディア自身が助長し、世間に印象付けたことを指摘している。

7 ）　もちろんこれ以外の問題として、平素の報道と同じように、ステレオタイピングによって虚報・誤報のたぐいが数多くあったことも指摘されている（たとえば、与那原，1997）。

8 ）　東日本大震災の災害報道に関して、課題しか見当たらなかったのかといえば、もちろんそんなことはない。被害の実態を速報したテレビ映像、たとえば世界的なスクープとなったヘリコプターからの空撮による津波遡上のライブ映像などの効果・威力を絶賛する声は多かった（たとえば、藤田，2011）。また、"こころ温まる"報道の成功事例として賛美されているケースも数多く存在する（たとえば、新聞記事に関して、池上，2011; ラジオ放送に関して、やまだ，2012）。テレビ放送を採点するウェブサイト「Ｑｕａｅ」によれば、東日本大震災に関しては、緊急地震速報や空撮映像などによる初期の報道対応をポジティブに評価するコメントが寄せられた一方で、特に原発関連の"垂れ流し"報道に対してはネガティブなコメントが数多く寄せられたという（山下，2013）。

9 ）　阪神・淡路大震災が起きた年、野田（1995）は、マスメディアの傍若無人なふるまいを批判して「報道する恐竜」と論難した。「頭脳を忘れて胴体ばかりを巨大化させ、災害地を走り回っている」（野田，1995: p.43）と、マスメディアの思慮や反省の不十分さを問題視していた。これをひとつの参照点とするならば、烏賀陽（2011）による造語、「報道の脳死」は、報道機関による思慮も反省も、もはや期待することができなくなっている閉塞を強く印象付けるものであるといえよう。

〈参考文献〉

浅野健一（2007）『メディア「凶乱（フレンジー）」――報道加害と冤罪の構造を撃つ』社会評論社.

Bauman, Zygmunt（2006）*Liquid Fear*, Cambridge: Polity Press.〔ジグムント・バウマン（2012）『液状不安』（ソシオロジー選書2）澤井　敦訳，青弓社〕

Bauman, Zygmunt（2000）*Liquid Modernity*, Cambridge: Polity Press.〔ジークムント・バウマン（2001）『リキッド・モダニティ――液状化する社会』森田典正訳，大月書店〕

Beck, Ulrich（1986）*RISIKOGESELLSCHAFT Auf dem Weg in eine andere Moderne,*

Suhrkamp Verkag.〔ウルリヒ・ベック（1998）『危険社会――新しい近代への道』（叢書・ウニベルシタス）東廉・伊藤美登里訳，法政大学出版局〕

Berger, Peter L. & Luckmann, Thomas（1966）*The Social Construction of Reality: A treatise in the Sociology of Knowledge*, New York〔ピーター・L. バーガー，トーマス・ルックマン（2003）『現実の社会的構成――知識社会学論考』山口節郎訳，新曜社〕

藤田博司（2011）「震災報道覚え書き」『日刊ベリタ』，2011年4月6日.

花田達朗・廣井　脩（2003）『論争　いま，ジャーナリスト教育』東京大学出版会.

廣井　脩（1996）「防災と情報」『防災』（東京大学公開講座63）東京大学出版会，pp.221-246.

廣井　脩（2004）「はしがき」『災害情報と社会心理』（シリーズ情報環境と社会心理7）北樹出版，pp.3-5.

堀江貴文・上杉　隆（2011）『だからテレビに嫌われる』大和書房.

池上　彰（2008）『池上彰のメディア・リテラシー入門』オクムラ書店.

池上　彰＋文藝春秋編（2011）『心をつなぐニュース　東日本大震災』文藝春秋.

今田高俊（2013）「序章　リスク社会への視点」『社会生活からみたリスク』（新装増補　リスク学入門4）岩波書店，pp.1-11.

今野　勉（2004）『テレビの嘘を見破る』新潮社.

小城英子（1997）『阪神大震災とマスコミ報道の功罪――記者たちの見た大震災』明石書店.

黒田　勇（2005）『送り手のメディアリテラシー――地域からみた放送の現在』世界思想社.

李　勇昕・近藤誠司・矢守克也（2013）「台湾の『明星災区』の意義と課題――マスメディアと住民のインタラクションを中心に」『災害情報』No.11，pp.55-67.

松本逸也（2006）『一極集中報道――過熱するマスコミを検証する』現代人文社.

美馬達哉（2012）『リスク化される身体――現代医学と統治のテクノロジー』青土社.

野田正彰（1995）『災害救援』岩波書店.

日本経済新聞社（2020.4.22）「報道自由度、日本66位　国境なき記者団、1つ上昇」，https://www.nikkei.com/article/DGXMZO58344020S0A420C2000000/（2021年4月19日最終確認）

岡田　弘（2008）『有珠山　火の山とともに』北海道新聞社.

岡田　弘・宇井忠英（1997）「噴火予知と防災・減災」『火山噴火と災害』東京大学出版会，pp.79-116.

大澤真幸（2021）『新世紀のコミュニズムへ――資本主義の内からの脱出』ＮＨＫ出版.

REPORTERS WITHOUT BORDERS（2021），2020 WORLD PRESS FREEDOM INDEX, https://rsf.org/en/japan（2021年4月19日最終確認）

関谷直也（2012）「『災害の社会心理』から考えるマスメディアの超えるべき課題」
　　『Journalism』（特集〔検証〕大震災報道の1年）2012.4, No.26, 朝日新聞社,
　　pp.42-51.

徳山喜雄（2013）「こころに残る写真とは──フォト・ジャーナリストの目」『「見る目」「見
　　た目」の科学　好き、嫌いの正体』林　成之著, pp.145-159, ワニブックス.

上杉　隆・烏賀陽弘道（2011）『報道災害〈原発編〉──事実を伝えないメディアの大罪』
　　幻冬舎.

烏賀陽弘道（2012）『報道の脳死』新潮社.

Virilio, P（2005）*L'accident Originel,* Editions Galilee.〔ポール・ヴィリリオ（2006）『ア
　　クシデント──事故と文明』小林正巳訳, 青土社〕

渡邉真由子（2007）『オトナのメディア・リテラシー』リベルタ出版.

やまだひさし（2012）『永遠に語り継ぎたい　3.11の素敵な話』ぱる出版.

山田昌弘（2007）「リスク社会の克服　リスク社会とつきあって生きていく時代に」
　　『Do! ソシオロジー　現代日本を社会学で診る』友枝敏雄・山田真茂留編, 有斐閣,
　　pp.229-247.

山下玲子（2013）『ユーザーからのテレビ通信簿　テレビ採点サイトQuaeの挑戦』戸田
　　桂太・小玉美意子監修, 山下玲子編著, 学文社.

矢守克也・吉川肇子・網代　剛（2005）『防災ゲームで学ぶリスク・コミュニケーショ
　　ン──クロスロードへの招待』ナカニシヤ出版.

矢守克也（2011）『増補版　〈生活防災〉のすすめ──東日本大震災と日本社会』ナカニシ
　　ヤ出版.

安富　信（2012）『減災と情報』コンプラス.

与那原　恵（1997）『物語の海、揺れる島』小学館.

第１部　災害報道研究の理論

第1章

災害報道の定義

1 災害報道の基本3機能

　まずは、本節で「災害報道」の定義をしておこう。中村（2012: p.473）の定義によれば、災害報道とは「災害の状況を伝えたり論評したりするジャーナリズム機能」と「災害の被害を軽減するための情報を提供する防災機能」を同時にあわせもっているとされる。本書では、この定義を参考にしながらも、"被災者の観点"を最重要視して、災害報道の機能を再分類することにした。

　災害マネジメントサイクル（disaster management cycle）に即して整理したものが、下記の3つの機能である（近藤, 2009; 2011a; 2011b; 2012）[1]。

　（1）　災害が急迫・発生した応急対応期におこなわれる「緊急報道」
　（2）　その後の復旧・復興期におこなわれる「復興報道」
　（3）　おもに平常時におこなわれる「予防報道」

　基本3機能の関係をイラストレーションするならば、ひとまずは**図1-1**のようになる。しかし、この図解には、実は省略された含意があるため注意が必要である。それは、災害マネジメントサイクルという理念モデルは、あくまで便宜的な理解の一助となるものに過ぎず、ひとつの被災地においてさえも、それぞれの局面が、単線的・不可逆的に変遷していくとは限らない——単純にサイクルを描くとは限らない——ということである。

　「緊急報道」と「復興報道」が並行しておこなわれたり、「復興報道」の途上に二次災害の危難が切迫・発生して「緊急報道」が始まったり、混乱期にあっ

図1-1　災害報道の基本3機能（近藤，2015から転載）

ても先手を打って「予防報道」がおこなわれたりすることがある。

　また、災害報道の意図と効果が、厳密に1対1で対応するとは限らない点にも留意しておく必要がある。災害報道の従事者のねらいとは別に、たとえば「復興報道」を丹念におこなうことが、ひるがえって、未来の被災者[2]に対する「予防報道」につながることも十分考えられる。

　災害報道の基本3機能、「緊急報道」・「復興報道」・「予防報道」は、被災者──繰り返せば、そこには未来の被災者をも含んでいる──の立場から鑑みて、それぞれ重要な使命を担っている。「緊急報道」では、救命・救急活動に資すること、「復興報道」では、被災者の暮らしに資すること、「予防報道」では、防災・減災の取り組みに資することである。これらを平易な述語で言い表せば、①「救う」、②「支える」、③「守る」ということになろう。それぞれの述語の目的語には、究極的には「いのち」があてはまる[3]。

2　災害報道の基本4象限

　さらに、近藤（2016）では、災害報道（災害情報）の守備範囲を見定めるために、時間と空間の2軸を使った整理をおこなっている（**図1-2**）。ここでは、便宜上、時間をx軸で、空間をy軸であらわしている。

図1-2　災害報道の基本4象限（近藤，2016から転載）

　まず、時間の座標は、以下の2つの極に対して開かれている。ひとつは、ごく短時間で迅速に危機を知らせなければならない〈緊急〉というアスペクト。そしてもうひとつは、長く地道に続く、災害の経験や教訓を後世に受け継いでいく〈伝承〉というアスペクトである。一方、空間の極限も、2つの方向に開かれている。ひとつは、限られたエリアで危機を察知し合うような〈局所〉というアスペクト、もうひとつは、被災地の内も外も含み込んだ広い視野で中枢から事態を見渡す〈俯瞰〉のアスペクトである。

　ここではごく簡単に、各象限にあてはまる実例を示しておこう。まず、〈緊急・俯瞰〉の象限においてすぐに想起されるのは、大型の台風が襲来している際のアラートとして、たとえば、気象庁の情報を活用しながら日本列島の概況を総覧的に伝える放送などである。〈緊急・俯瞰〉の災害報道は、特に、放送メディアの中でも全国にネットワークを持っている日本放送協会（NHK）が力を入れてきた領域に該当する。

　次に、〈緊急・局所〉の領域に関しては、より丁寧に述べるならば、さらに2つに大別することができる。〈緊急・局所（from 局所 to 局所）〉、そして、〈緊急・局所（from 局所 to 俯瞰）〉である。前者は、たとえば、県域や拠点ごとのローカル放送局が、ローカルな地元住民に対して危機を伝える報道を想起するとよいだろう。一方、後者は、先述した〈緊急・俯瞰〉と重なる部分が多くあり、

ローカル放送局から東京などの「センター機能」を担うキーステーションを経由して全国の視聴者に情報を伝達することなどが該当する。ここにいう「センター機能」とは、ローカルな情報の断片を集約・統合し、俯瞰的な見通しをマス（mass）に届ける働きを意味する。

〈伝承・俯瞰〉の象限は、マクロな視点に立って災害事象の教訓を伝え残すことである。これは、おそらくマスメディアにとってみれば、"本来的には"最も威力を発揮しやすい領域であると考えられる。日々の取材活動を積み上げていけば、おのずとデータベース（アーカイブ）が出来上がる。そこに蓄積された情報を、特集番組なり特集面なりに展開したり、縮刷版なりDVDなりに再編集したりする手法が、これまでにも常套となってきた[4]。そしてさらに近年では、デジタル化の技術が飛躍的に向上したことによって、コンテンツをアーカイブすること、アーカイブを公開することが容易になってきた[5]。ただし、先に"本来的には"と書いたのは、"実際的・現実的"には、ビジネスモデルの兼ね合いから、この領域で積極的に尽力するには、単なる社会貢献以上のベネフィットが必要だと多くの経営陣が考えていることが壁になっている現実を指摘しておかなければならないだろう。

最後に、〈伝承・局所〉は、これも丁寧に述べるならば、〈伝承・局所 (from 局所 to 局所)〉、そして、〈伝承・局所 (from 局所 to 俯瞰)〉と分けることができる。そして後者は、先述した〈伝承・俯瞰〉とオーバーラップする道すじのことである。前者、〈伝承・局所（from 局所 to 局所)〉は、現場で得られた教訓などをローカルなエリアで共有できるようにする取り組みであり、これまでにも多数おこなわれてきた。阪神・淡路大震災の周年の特集などが、その典型である。ただし、慎重に検討すべきはその効果であり、ルーティーン化した〈伝承・局所〉の災害報道にはもはや手応えがなく、効用が低減しやすいという内在的な制約があった。

災害報道のベターメントを目指すためには、研究上は、これらすべての諸機能や諸領域を、統一的・包括的に検討することができる強靭な理論フレームが求められる。次章では、災害報道研究の変遷と現況のトレンドについて概観したのち、災害報道研究独自の理論フレームがいまだ乏しいと言わざるをえないことを指摘する。

〈補注〉

1） 大牟田（2009）は、阪神・淡路大震災以降、自身が企画・制作を担当したラジオ番組のシリーズを振り返り、「災害報道」⇒「震災報道」⇒「復興報道」⇒「防災・減災報道」という4ステップをたどったと指摘している（p.187）。大牟田のいう「災害報道」の概念は、本研究にいう「緊急報道」と、ほぼ重なっているものと考えられる。また、大牟田のいう「震災報道」は「被災者に焦点を当てた報道」と説明されており、「復興報道」の一部を指しているものと考えられる。大牟田の語法は、豊富な経験に裏打ちされたものであるがゆえに多分に独特なニュアンスを含んでいる。「震災報道」という概念は、一般的には、地震被害に関連する報道全般を指すことが多い。東日本大震災時には、「震災（津波）報道」と「原発報道」を対比的にとらえるケースも数多く見受けられた。本研究では、オールハザード・オールフェーズの観点からトータルに「災害報道」をとらえようとしているため、「震災報道」という言葉は使用しない（近藤，2011a; 2012）。

2） 防災教育の専門家である諏訪（2015）は、自然災害のリスクが普遍化・社会化していることをふまえて、「被災地」と名指しされていない地域を「未災地」、「被災者」ではない人を「未災者」と呼び、その含意として、社会のすべての構成員は防災行動の当事者性を帯びていることを明示しようと呼びかけている。

3） 災害対策基本法では、「国土並びに国民の生命、身体及び財産を災害から保護する」とされており、放送法では「暴風、豪雨、洪水、地震、大規模な火事その他による災害が発生し、又は発生するおそれがある場合には、その発生を予防し、又はその被害を軽減するために役立つ放送をするようにしなければならない」と規定している。したがって、保護法益を人命に限定する必要はないわけだが、本書では、報道の現場で最も重視されていると考えられる「人命（いのち）」を念頭におき、強調しておくことにした。

4） 東日本大震災後にNHKが構築した「NHK東日本大震災アーカイブス〜web証言ドキュメント〜」などが有名である。もちろん、アーカイブの取り組みは、災害の分野だけでなく他の分野にも広く及んでいる。同じくNHKが実施しているものとしては、「戦争証言アーカイブス」などが知られている。

5） 災害に関する映像公開アーカイブの最新の成果としては、朝日放送テレビの木戸崇之らの取り組みがある。死蔵されがちな災害報道の映像ストック（ここでは、阪神・淡路大震災）を、若者たちがスマートホンで見ることが出来るように工夫している。肖像権の問題等をいかにして突破したかに関しては、詳しくは、木戸（2020）を参

照のこと。

〈参考文献〉

木戸崇之（2021）『スマホで見る阪神淡路大震災——災害映像がつむぐ未来への教訓』西日本出版社.

近藤誠司（2009）「被災者に“寄り添った”災害報道に関する一考察——5.12中国汶川大地震の事例を通して」『自然災害科学』Vol.28, No.2, pp.137-149.

近藤誠司（2011a）「実践事例1．平常時の災害報道」「第6章　地域防災力の向上3　災害情報とメディア」『災害対策全書4（防災・減災）』公益財団法人ひょうご震災記念21世紀研究機構災害対策全書編集企画委員会編，ぎょうせい.

近藤誠司（2011b）「実践事例2．緊急時の災害報道」「第6章　地域防災力の向上3　災害情報とメディア」『災害対策全書4（防災・減災）』公益財団法人ひょうご震災記念21世紀研究機構災害対策全書編集企画委員会編，ぎょうせい.

近藤誠司（2012）「復興支援とマスメディア報道」『復興と支援の災害心理学——大震災から「なに」を学ぶか』藤森立男・矢守克也編著，福村書店，pp.219-237.

近藤誠司（2015）「ポスト3.11における災害ジャーナリズムの役割」『リスク管理のための社会安全学——自然・社会災害への対応と実践』関西大学社会安全学部編，ミネルヴァ書房，pp.210-231.

近藤誠司（2016）「ポスト3.11の災害ジャーナリズムにおける課題と展望」，『東日本大震災　復興5年目の検証——復興の実態と防災・減災・縮災の展望』関西大学社会安全学部編，ミネルヴァ書房，pp.250-268.

中村　功（2012）「災害報道」『現在社会学事典』大澤真幸・吉見俊哉・鷲田清一（編集委員），弘文堂.

大牟田智佐子（2008）「ラジオと災害報道」『災害情報論入門』（シリーズ災害と社会7）田中　淳・吉井博明編，弘文堂，pp.182-189.

諏訪清二（2015）『防災教育の不思議な力——子ども・学校・地域を変える』岩波書店.

第2章

災害報道研究史を概観する

1 災害報道研究の布置

　日本には、「災害報道」のみを主題として扱う学会——たとえば、「災害報道学会」——は存在しない。そしておそらく、世界中を見渡してみても見つからないだろう。災害報道の課題解決や充実化といったテーマは、研究や調査の対象になることはあっても、学問的な関心事として"深掘り"されることは少なかった。メディアの研究者は、報道業界にあっては確かに"ご意見番"として重宝されているようだが、実態からすればあくまでも外野（傍観者・観察者）であり、端的にいえば"報道の素人"に過ぎない。自分自身（研究者本人）ではできもしない高潔でハイレベルな処方を提示したところで、それが過酷な報道現場の改革を促進することには、まずつながらないだろう。こうして問題事象は温存され、トラブルは繰り返されることになる。

　中森（2008）によれば、「災害報道研究」の体系的な研究がはじまったのは、——1964年の新潟地震時の調査など一部の例外を除けば——1970年代頃のようである[1]。1976年の「駿河湾東海地震仮説」の発表や、1978年の「伊豆大島近海地震」の"余震情報パニック"など、社会的なトピックが研究活動を後押しするかたちとなった。

　その後も、1982年の浦河沖地震、同年の長崎水害など、災害の発生と調査の要請が連動して展開するかたちとなり、1983年の日本海中部地震では、住民の津波避難行動をめぐって、マスメディアによる警報の伝達スピードに技術的な限界があったことなどが詳細に検証された（田中・田中・林, 1986）。また、こうした研究活動と並行して、過去の災害報道に関する検証もおこなわれるよ

うになった。たとえば、1923年の関東大震災における災害報道と住民行動の関係を、多方面の文献記録をもとに分析したものなどがあげられる（廣井, 1987）。

　1995年に起きた阪神・淡路大震災を契機として、災害に関する研究全般が活発化するようになると、「災害報道研究の面でも進展があった」という（中森, 2008: p.165）。中森は、従来の定量的な調査の内容は、住民の「情報ニーズやメディアの接触度が中心であった」（同p.165）ものが、"報道の質"の評価に関する事項が拡充されるようになったことを重要な画期としてあげている。その背景には、**第1章**でも列記したような、取材の過集中や報道格差、プライバシーの侵害、ヘリコプター取材の騒音、報道従事者のモラルの欠如などの問題があった。

　また、災害報道の内容分析の対象が、それまで新聞等、活字メディアに偏りがちだったものが、20世紀も末を迎えると、録画・録音媒体が発達したことによって、ようやく放送メディアを俎上に載せて研究できるようになった（たとえば、樫村, 1998）。さらに、中森（2008）は、報道現場にたずさわっている"当事者"による研究成果の発表も増えていったと指摘している。

　このような災害報道研究の布置をふまえて、阪神・淡路大震災発生時から東日本大震災発生時までの変遷を、本章の第2節・第3節で概観しておこう。そうすることで、なぜ、東日本大震災——さらにいえば、その後に世界を揺るがす新型コロナウイルス感染症など——が、"想定外"で"未曾有"の事態として報道業界をも圧倒してしまったのか、また、閉塞を超克する糸口はどこに胚胎しているのかを解き明かすことができるはずだからである。

2　マスコミ研究における災害報道研究のプレゼンス

　日本の災害報道研究の変遷を確かめるために、ここでは主だった2つの学会の動向を順に検討する。まず本節では、マス・コミュニケーション研究全般の中で、災害報道がどのように位置づけられてきたのかを把握するため、「日本マス・コミュニケーション学会」の動向を見ていこう。

　「日本マス・コミュニケーション学会」は、前身である「日本新聞学会」の

表2-1 『マス・コミュニケーション研究』の特集タイトルの変遷

	発刊年月	特集タイトル
1	1995年1月	映像コミュニケーション研究の新展開
2	1995年7月	戦後50年 連続と不連続
3	1996年1月	変容の時代とジャーナリズム
4	1996年7月	地域メディアと政治
5	1997年1月	現代マス・コミュニケーション理論のキーワード
6	1997年7月	Ⅰ）ポスト冷戦時代の国際コミュニケーション論 Ⅱ）出版ジャーナリズムの理論課題
7	1998年1月	ディジタル化時代におけるメディア環境
8	1998年7月	マス・コミュニケーション理論の展開
9	1999年1月	マス・メディアと子ども
10	1999年7月	転換期のマス・メディア
11	2000年1月	メディア支配と言論の多様性
12	2000年7月	マス・メディアの批判の軸をめぐって
13	2001年1月	情報技術の進展とメディア秩序の変容
14	2001年7月	変貌と模索の中のマス・コミュニケーション教育
15	2002年1月	パワフル・メディア論再考
16	2002年7月	コミュニケーション学会50年 回顧と展望
17	2003年1月	メディアイベントとしてのスポーツ
18	2003年7月	テレビ50年の光と影
19	2004年1月	メッセージ分析の可能性
20	2004年7月	メディア秩序の変容と新しい公共性
21	2005年1月	戦時におけるメディアと権力 －日本を中心として－
22	2005年7月	メディア史研究の方法再考 －メッセージの生産と受容の歴史－
23	2006年1月	メディア変容時代のジャーナリズム
24	2006年7月	（特集タイトル該当なし）
25	2007年1月	マス・コミュニケーション研究 回顧と展望
26	2007年7月	（特集タイトル該当なし）
27	2008年1月	「メディア法」はどこへゆくのか メディア法研究者の認識
28	2008年7月	（特集タイトル該当なし）
29	2009年1月	〈ラジオの個性〉を再考する ラジオは過去のメディアなのか
30	2009年7月	放送アーカイブをめぐるメディア研究の可能性
31	2010年1月	「昭和」の記憶とメディア
32	2010年7月	世論と世論調査
33	2011年1月	メディア文化研究の課題と展望

設立（1951年）から数えると悠に半世紀を超える歴史を持つ、日本のマスメディア関連では最も伝統ある学会である（日本マス・コミュニケーション学会, 2013）。毎年、冬と夏に、研究報告集「マス・コミュニケーション研究」を発刊している。

まず、この研究報告集の特集タイトルの変遷から、災害報道がどのように位置づけられてきたのかを確かめてみる。対象とする期間は、阪神・淡路大震災が起きた1995年から、東日本大震災が起きる直前の2011年1月までに区切っている。結果を**表2-1**に示す。

一瞥すればわかるとおり、災害報道が「特集タイトル」に掲げられたことは、一度もなかった。阪神・淡路大震災が起きた1995年においてすら——当然、冬号（1月号）は間に合わなかったとしても、夏号においてさえ——、掲げられることはなかった。代わりに採用されたテーマは、「戦後50年　連続と不連続」であった。

そこで、もうすこし詳しく動向を検討するために、今度は、掲載された論文や報告文のタイトルを、逐一確認することにした[2]。災害報道を正面から論じていると推察できたものを、**表2-2**に示す。

表2-2　『マス・コミュニケーション研究』における災害報道論考タイトル

sample No.	年月	文書タイトル
1	1996年1月	ワークショップ1　阪神大震災と放送—在阪・在神放送局の現場責任者の報告を中心に—
2	1996年1月	ワークショップ2　市民の側からみる阪神大震災テレビ報道　—メディア・リテラシーによるクリティカル・アプローチ—
3	1996年1月	阪神大震災とマス・メディア　1995年度春季研究発表会　特別報告
4	1997年1月	災害　〈特集〉現代マス・コミュニケーション理論のキーワード　50号を記念して
5	1997年7月	ワークショップ7　阪神大震災とマスメディア—被災者のためのメディア—
6	1998年1月	災害におけるマス・メディアの役割とその可能性について　みやぎ災害救援ボランティアセンターのマニュアル策定に当たって
7	2007年7月	ワークショップ3　災害・事故・事件報道にみるジャーナリストの惨事ストレス：ストレスケアシステムの構築をめざして
8	2011年1月	災害と住民ジャーナリズム：兵庫県佐用町水害の事例から

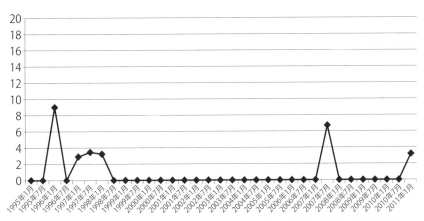

図2-1　『マス・コミュニケーション研究』における災害報道論考が占める割合(%)

　結果として、8本が該当することがわかった（n=883）。Sample No.1 は、1995年6月3日に実施された「春季研究発表会」の要約文で、特集タイトルにこそ掲げられなかったものの、学会内において災害報道のありようが熱心に議論されていたことが確認された。No.2〜No.3、No.5〜No.8は、それぞれワークショップの報告文だった。No.4は、該当文書の中で唯一、論文という形式で記述されたものだった[3]。また、各号における該当文書数の割合の推移から、出現傾向（災害報道研究のプレゼンス）を確かめると、阪神・淡路大震災からちょうど1年たった1996年1月が最高値（9.1%、該当文書数は3本）であり、あとはおしなべて0%〜数%（該当文書数はいずれも1本）と低い値になっていた（**図2-1**）。

　以上をふまえると、日本では、『マス・コミュニケーション研究』という学術的営為において、阪神・淡路大震災を契機に災害報道研究が進展したとはいえ、東日本大震災を迎えるまでに、その中身が充実・深化を見せたとまでは言い難い状況にあったといえる。それは、1998年――つまり、阪神・淡路大震災から3年後――の学会誌に掲載されたSample No.6の本文中における、次のようなフレーズからも傍証されていよう。

　今回の学会では、ほぼ唯一と思われる「災害とマスコミ」をテーマにした

ワークショップであったにも関わらず、開催期間中を通じて出入りされた
方が数人しかなく、阪神大震災直後の学会で同種のテーマを話し合ったワー
クショップと比べるとその少なさが目に付いた（以下、略：No.6: p.177）。

3　災害情報研究のなかの災害報道研究の動向

　次に本節では、災害情報研究のなかで、災害報道に関する研究がどのように
おこなわれていたのか、その動向を確認する。

　対象としたのは、「日本災害情報学会」の論文集、「災害情報」である。発刊
がスタートした2003年から東日本大震災が起きる前までの8年間分を分析対
象とした。

　特集、投稿論文、その他の記事を対象として、災害報道に関する記述が、あ
る程度の比重でおこなわれているものを通覧した[4]。結果は、**表2-3**のように
なった。

　総じて言えば、災害報道に関する論文や記事の数は、決して少なくなかった
（該当率28.2％，n＝181）。しかし、災害報道研究の理論フレームを根底から問
い返すような視座を持ったものは、数多くは見当たらなかった。ただし、学会
誌上において、2009年度に重要な画期があったことがわかった[5]。以下に詳

表2-3　「災害情報」における災害報道研究論考記事数

年	特集	投稿論文	そのほか	合計
2003	28(6)	3(1)	3(0)	34(7)
2004	8(5)	5(2)	4(0)	17(7)
2005	6(5)	2(1)	7(0)	15(6)
2006	5(1)	4(1)	10(6)	19(8)
2007	9(4)	6(0)	6(3)	21(7)
2008	11(1)	8(0)	10(3)	29(4)
2009	8(2)	8(0)	7(4)	23(6)
2010	9(2)	8(1)	6(3)	23(6)
合計	84(26)	44(6)	53(19)	181(51)

注：括弧外の数字は母数、括弧内の数字が「災害報道研究論考」該当数

しく述べる。

　まず2003年度号は、学会誌の発刊年であるため、発刊を記念する挨拶文が多く、記事の母数が多かった。その中には、多数、災害報道にふれたものがあった。しかし内容は、災害報道の諸課題をリフレインしたに過ぎないものが多かった。たとえば、「(避難を) 呼びかける側の危機感を、呼びかけられる側にも持ってもらうために、情報伝達の何が欠けているのか、そこを埋める工夫がいる」(p.37) といった指摘がみられるが、肝心のその「工夫」の中身は、当事者の「努力」としてのみ語られていた。また、風評被害をめぐる報道のネガティブな効果を指摘した査読論文があったが、その対策に関しては、「もっとも効果的なのが『流通業者・関係者の過剰反応を抑えるための教育・啓蒙活動』である」と指摘するに留まっていた。

　続いて2004年度には、宮城県沖地震 (2003年) の住民の避難行動に関する調査論文の中で、メディアとの関連を記述したものがあった。人々が警報を入手した手段としては、テレビが最も多かったという (51.2％)。報道の効果に関しては、「マスメディアが流した津波警報は、防災無線が流した情報と本質的にはほとんど同じ内容であったが、受け止め方が大きく違った」ことを指摘している。その原因として、「メディア自体の持つメッセージ性」に着目した点は、特筆に値する。当該論文では、防災無線のほうがテレビやラジオの放送よりも"危機を伝えてくれるメディア"として人々に認知されていると主張していた。ただしこの点に関して、実証的な根拠は示されていない[6]。総じて避難率が低かったことに関して、当該論文では、問題解決に向けた提言として「今後、真剣に対策を検討することが望まれる」と結んでいた。

　同じ号の特集記事には、当該学会の宮城県沖地震に対する「メディア調査班」の調査結果が記載されていた。ここでも、災害時、メディアの役割が極めて重要であることが示されている。「今回の地震情報に関して役立ったメディアは何か」という質問について、「ＮＨＫテレビ」と答えたのは、仙台市78.9％ (n＝394)、大船渡市87.7％ (n＝410) となっていた。しかしここでさらに重要なのは、多数の住民から「津波があるかないかという情報をもっと早く伝えてほしかった」という声が寄せられていたことであろう (仙台市で34.3％、大船渡市で63.2％)。放送を視聴していた人々にとってみれば、"本当に"津波の

危機が迫っているのかという肝心な点が伝わらなかった可能性が示唆されているからである（この点、本書の**第4章**を参照のこと）。

　2004年度号の査読論文の中には、災害報道に関連するものが2本あった。1本は火山情報、1本は原発情報に関するものであった。前者では、「情報」（用語）のわかりにくさに焦点をあて、自治体とメディア双方の意見を聴取していた。一方、後者では、実験的に作成した広報文を住民に評価してもらい、内容は長すぎないか、事態の重大性に関してどのように感じたかなど、受け止め方を丹念に調査していた。

　2005年度号には、岩手宮城連続地震（2003年）を対象として、自治体の災害対応状況を分析した査読論文の中で、「マスコミ対応」に関してふれた箇所があった。「マスコミの取材が24時間以内の業務に支障を来した」とする自治体は、49.0％にのぼることが示されている。しかしながら、そのような状況下において、実際に何が広報されたのか（または、支障を来して何が広報できなかったのか）、それを受けて何が報道されたのか（または、されなかったのか）、当該論文では内容の分析にまでは踏み込んでいなかった。

　2005年度号には、台風23号災害時の、特にコミュニティFMラジオ放送の利活用に関する調査結果が特集されていた。しかしこちらも、放送された内容の分析にまでふみ込んだ記述は見られなかった。

　また同じ号のシンポジウムの抄録からは、災害報道／災害情報に関する議論が活発におこなわれていたことがうかがえる。「地震災害多発時代に、メディアが正しい情報をどう迅速に伝えるかが問われている」といった、10年来、繰り返されてきたフレーズも見られる一方で、「直下型地震」や「集中豪雨」などのマスコミが作った言葉を例にとって、メディアの「語彙想像力」をポジティブに評価するコメントなどが記述されていた。ここでは、「発信する側と、媒体としてのマスメディアと、それから受け手の側が、できる限り情報を共有することが大切」と結ばれている。しかしながら、どのようなかたちで「共有」を図ればよいのか、その仕方を洞察したコメントは見当たらなかった。

　2006年度号の査読論文の中には、「民間研究者の地震予知情報」をめぐって、災害報道が果たした役割がまとめられている。当該論文では、民間研究者の地震予知情報が「リスク・コミュニケーションのきっかけとなった可能性を示唆

できる」とポジティブに評価していて、さらに、「科学リテラシーに劣る市民に啓発が必要であるとする市民観からの脱却」が「行政に求められるかもしれない」と指摘している。また、「行政」と「住民」をつなぐインタープリターやファシリテーターなどの「第三者機関」——マスメディア以外の何らかの主体——の介在を提案している。

　同年度の記事の中には、「気象災害報道」に関する勉強会の記録があった。予報区を細分化した結果、かえって情報過多となり、危機感を共有しにくくなるなどの弊害が出ること、それを乗り越えるためには、気象庁だけが努力すればすむ話ではないことなど示唆に富む内容となっている。ただし、情報の受け手にどうすれば伝わるかという問いを立てながらも、受け手——すなわち、地域住民たち——と一緒に問題の解決を目指すといった根本的な改革の構えなどは見せていない。

　2007年度号の特集テーマは「災害情報で人を救うために」だった。この中には、災害報道に関連する記事が複数あった。3つあげると、1つ目は、洪水情報の用語のわかりにくさを、具体的な例——たとえば、「右岸」と「左岸」、「越水」と「溢水」、「避難勧告」と「避難指示」、「内水氾濫」と「外水氾濫」など——をあげながら示した記事で、「すべての災害情報について言えることだが、専門家、行政担当者、マスコミ、そして受け取る住民までが『同じ言葉』で語り合い、わかり合えるようにする必要がある」と提言していた。また、2つ目は、土砂災害警戒情報の発表に伴う運用上の課題、すなわち、該当エリアが広範囲におよぶと、報道内容が地名の羅列になってしまうといった弊害が指摘され、せっかくの情報が「住民の行動指針」になりえていないことが問題提起されていた。3つ目は、緊急地震速報の「一般向け」運用に関する記事で、特にテレビ放送を念頭に置いて、「速報性」と「同報性」のアドバンテージがあることをふまえながらも、地域性・個別性——自分がいる場所はどうなのか——にきめ細かく対応するには限界があることを指摘した上で、今後は情報の性格を事前に周知しておくことで、あらたな「防災文化」を築くことが必要であると結論づけていた。

　2008年度号は、特集テーマが「新防災情報システムは使えるか？」と設定されていて、災害情報の受信・発信や集約・共有に関わる新しいテクノロジー

やシステムに焦点がしぼられていたこともあって、災害報道に関連する論文・記事はごくわずかしかなかった。

　その中にあって、「地震防災啓発ラジオ番組」シリーズの企画・制作に関するユニークな実践報告が掲載されていて、注目に値する。放送関係者と防災専門家による協働作業によって、ＰＤＣＡサイクル（plan-do-check-action-cycle）をふまえて１年間のシリーズを組んだ点、番組の準備立て自体が精妙で参考になるものであるが、加えて、放送関係者のメンバーの中に、総務や営業など、平素、番組づくりには関与していない職員——すなわち、住民の立場に近しいメンバー——を加えている点が、特に評価されてよいと考える。

　さらに2008年度号には本書にとっては重要な示唆を与えるものとなる「減災シンポジウム」の抄録が掲載されていた[7]。テーマは、「ひとはなぜ逃げないのか？　逃げられないのか？」であった。パネリストの報道関係者は、「（住民を）納得させるためには、もっと情報の精度を上げ、もっとピンポイントの情報になれば逃げるだろう」といった考えを示しているのに対して、専門家のひとりは、「災害情報をインフォメーションと捉えると、出す側が情報のクオリティを考えればいいのだが、重要なことはその情報が住民の行動に結びつくことだ。ということはインフォメーションではなくコミュニケーションになっていなければいけない。そう考えると受け手側の論理もなければ実効性のあるものにならない」と指摘している。これを受けて当該シンポジウムのコーディネーターは、議論の要点を「相手の立場をどこまで反映できるのか、それを緊急時の中でどこまで詰められるのか（に尽きる）」と結論づけており、このような示唆をふまえた理論フレームの構築が——学術的にも、実践上も——求められていることが確認できた。

　2009年度号では、当該学会の調査団による「2008年8月末豪雨災害等に関する調査報告」が、まずもって注目される。気象台の「（東海豪雨）匹敵」表現やＴＶＣＭＬ[8]を利用した災害情報システムの実稼働など、興味深い事例が紹介されていた。ところで、本研究の目的に照らして最大のトピックといえるのは、「災害情報がエンドユーザーに活用されるために」という座談会の記録である。ここでは、『災害情報』誌上はじめて、「受け手自身の論理、そして受け手と送り手の関わり」（p.40）に明示的な焦点があてられ、周到な議論が展

開されていた。小見出しにも「求められる新たな防災対策の方向性」(p.40)
などのフレーズが見られる。「災害情報と言ったとき、発信者と受信者がいる、
あるいは、与え手たる人または与え手に価する人と、受け手に甘んじなければ
ならない人がいる、という区分けを、これまであまりにも鮮明にしてきたこと
が、そもそも大問題なのではないか」(p.40) といった問題提起にはじまり、「研
究者（専門家）だけがニュートラル、つまり当事者性はゼロ、というわけには
いかない」(p.46) といった指摘、「"絶対確実な情報を出す"ということは、"あ
んたは判断する必要なし、これに従っとけ"ということですから、受け手の主
体性を奪うことになる」(p.47) といった反省、「メタ・メッセージの効果まで
も織り込んでコミュニケーションというものを設計できる学理はないか」(p.48)
といった発案、そして、「情報の受け渡しをおこなった後に、送り手と受け手
がその情報をめぐって、"何かを一緒にする"体制に入っていくことが重要だ」
(p.51) といった提言が述べられ、最後に「情報の受け手が受け取った情報を
どう解釈し、活用するかという一方向的で自己完結的な話を想定してしまって
いるけれども、そうではなく、受け手と送り手との間で、何かの関係が生まれ、
何かの行動が生まれ、もしくは新しい関係が生まれるというようなところに持っ
ていかなければいけない」(p.51) と結論づけられている。本書では次章以降
で詳しく述べることになるが、このような災害情報研究における新たなパラダ
イムこそ、「災害報道研究」が拠って立つ礎となるものであるといえる。

　2010 年度号は、特集テーマは「災害情報を防災教育にどう活かすのか？」
となっており、災害報道関連は全般的に僅少であった。該当記事の中には、「メ
ディア担当者向け」の教育事例を記者自らが報告したものがあった。そこでは、
メディアと自治体職員の「水平な関係」(p.22) が重要視されるとする一方で、
メディア自身の宿題として、災害時における適切な「議題設定機能」を担うた
めにも、「独学の限界は、独学で破っていかなければならない」(p.24) と結ん
でいる。

　2010 年度の査読論文の中には、"2009 年度の画期"の系譜に、一部関連す
るものが含まれていた。鹿児島県垂水市の避難情報の伝達過程を分析したもの
で、これまでのアプローチでは「行政組織やマス・メディアは、地域における
災害情報伝達と避難に関し、情報を発すれば必然的に住民に伝わり、住民は情

報を十分受容できる合理的存在であるという前提」に立っていたと批判したうえで、「日常の地域社会に存在する住民の社会的ネットワークの中で交換される情報こそが、避難行動への契機として大きく影響している」と主張していた。さらに「地域住民は、単に分割された個の『総和』ではなく、社会的につながっている『総体』として捉えることが必要」（p.82）だとも指摘していた。

　本節において調査分析対象としたのは、ここまでである。先に結論を述べておいたとおり、当該分野における学理的な研究は、ようやくその必要性が強く求められるようになったところであることが、あらためて明らかとなった[9]。そして続く2011年度号の発刊準備中に、東日本大震災が起きた。2011年度号には、「災害情報研究に一言」という特集が組まれており、「災害情報学は、未だ、中核的なアカデミック・ディシプリンを確立しえていないとも評しうるだろう」といった厳しい指摘もなされている。この点を十分ふまえた上で、本書では「災害報道研究」に照準をしぼって、これから統一的・総合的に探究していくことに耐えうる理論フレームを提起する。

〈補注〉

1）「災害報道」自体の嚆矢としては、日本社会においては、濃尾地震（1891年）の際の新聞・雑誌メディアの活躍などがあげられよう。全国の新聞社が義捐金の募集を呼びかけたり、米の高騰を防ぐため暴利をむさぼる商売人を批判したりした（内閣府災害教訓の継承に関する専門調査会，2006）。ただし、その3年前、1888年に起きた会津磐梯山噴火災害時に、新聞社が特派員を送り込み、スクープ合戦をおこなったことなども重要である（詳しくは、磐梯山噴火記念館等による共同企画展の冊子を参照のこと）。

2）投稿規定や執筆要領、英文抄録などの文書は分析対象から除いた。

3）該当文書No.4の論文では、コミュニケーション論の観点から災害情報に関する研究史を概観しており、最後の節が「災害報道の研究」にあてられている。そこでは、「災害と放送の関わりが一般社会のなかできわめて大きな問題として提起されたのは、阪神・淡路大震災をもって嚆矢とするのではなかろうか」（p.27）として、当該災害における、特に初動期の課題を整理し、「災害報道の課題はまだまだ多いというのが実感である」（p.30）と結んでいる（廣井，1997）。

4）具体的には、災害報道に関して、ひとつの「節」以上の記述があるものを対象とした投稿規定や編集後記、事務局からのお知らせなどの文書は分析対象から除いた。

5 ）　もちろん、「災害報道」に焦点をあてていないからといって、その記事が「災害報道」に無関係であるというわけではない点、付記しておく。本節は、あくまで「災害報道」研究の大ぐくりなトレンドを把握することを目的としている。

6 ）　テレビが伝える情報を最重要視する傾向はあちこちで確認されており、たとえば、筆者らが調査したケースとしては、「2011年和歌山県北部地震」があげられる。地域住民はテレビから伝えられた安心情報——「津波の心配はありません」というアナウンスやテロップなど——を信じて、ローカルなアラート——当該エリアで独自に設置されている感震警報システムから流されたサイレン音——を軽視する傾向が見受けられた（近藤・矢守・宮本，2013）。

7 ）　当該シンポジウムの抄録には、災害報道という言葉自体は本文中に見当たらないのだが、災害報道の従事者が参加し、「報道機関」や「放送局」の役割に関してもかなりのボリュームでふれているので、分析対象に加えることにした。

8 ）　TVCML とは、「Television Common Markup Language」の略号である。宇田川（2009）によれば、「TVCML は、1998年ロイター通信社がテキスト、画像、動画など異なる性質を持つニュース素材（コンテンツ）をインターネットで配信する方法として作成された XML である NewsML を基にして、データ放送に適している部分を利用して作成された言語である。XML であることから WEB・メールなどへの変換が容易である」と説明されている。

9 ）　ただしもちろん、日本社会全般において災害報道のありかたに関する議論がおしなべて不熱心・不活発だったというわけではない。たとえば、板垣（2011）が、日本新聞労働組合連合近畿地方連合会主催の市民参加シンポジウムの変遷に着目して述べているとおり、例年、阪神・淡路大震災のメモリアル・デーの近辺では、災害報道——もとの論脈のまま表記すれば"震災報道"——の教訓を継承していこうとする取り組みが続けられてきた。しかし、ここでさらに付言しておけば、この"震災報道"というコンセプト自体に、内在的な限界があったと考えることもできる（**第 1 章の補注 1 を参照**）。ここで想定しているハザードないしリスクは、あくまで「震災（地震災害）」であり、たとえば、限られたリードタイムを生かして警報を広く伝達し、避難行動を促すことが求められる「緊急報道」（たとえば、豪雨や津波などの場合）のありかたを突き詰めて議論することは、ほとんどの場合においてオミットされていた。

〈参考文献〉

福島県立博物館・磐梯山噴火記念館・野口英世記念館編（2008）共同企画展『会津磐梯山』展示解説図録.

廣井　脩（1987）『災害報道と社会心理』中央経済社.

廣井　脩（1997）「災害」（特集　現代マス・コミュニケーション理論のキーワード：50号を記念して）『マス・コミュニケーション研究』No.50, pp.24-30.

板垣貴志（2011）「10年間の震災報道シンポジウムの軌跡――報道の原点から被災地間連携へ」『阪神・淡路大震災像の形成と受容――震災資料の可能性』板垣貴志・川内淳史編, 岩田書院, pp.63-79.

樫村志郎（1998）「震災情報の分析――震災はいかに語られたか」『阪神・淡路大震災に学ぶ――情報・報道・ボランティア』白桃書房.

近藤誠司・矢守克也・宮本　匠（2013）「津波避難に関するリアリティの可視化――和歌山県広川町におけるアクション・リサーチ」第32回日本自然災害学会学術講演会講演概要集, pp.81-82.

内閣府「災害教訓の継承に関する専門調査会報告書」（2006）1891濃尾地震, http://www.bousai.go.jp/kyoiku/kyokun/kyoukunnokeishou/rep/1891_noubi_jishin/index.html#container（2021.4.19. 情報最終確認）

中森広道（2008）「災害報道研究の展開」『災害情報論入門』（シリーズ災害と社会7）田中　淳・吉井博明編, 弘文堂, pp.163-168.

日本マス・コミュニケーション学会（2013）「学会の概要」, https://www.jmscom.org/about/（2021.4.19. 情報最終確認）

田中二郎・田中重好・林　春男（1986）『災害と人間行動』（動物　その適応戦略と社会14）東海大学出版会.

宇田川真之（2009）『テレビ放送用の地域防災情報共有システムと連携による新たな価値の創出』建設情報研究所, 第2008-04号. https://www.jacic.or.jp/kenkyu/11/11-04.pdf（2021.4.19. 情報最終確認）

第3章

災害報道研究の新たな理論モデル

1 コミュニケーション・モデルズからの示唆

　前章の知見をふまえて、ここですぐに新たな理論フレームを説明したいところであるが、そのまえに、古典的なコミュニケーション・モデルズの系譜を概観しておくことで、われわれの視座を補強しておこう。

　有馬（2007: p.7）は、コミュニケーションとはそもそも「送り手→コミュニケーション内容→受け手（への影響・効果）」という過程を経るものであると定義づけている。

　このうち、マス・コミュニケーション理論においては、「大衆」（mass）という抽象的な存在が前提とされてきた。「大衆」は、不特定多数の、匿名で非組織的な人々のことである。情報の送り手は、情報の受け手との関係において、「原則的に役割を交換することはない」（たとえば、野村，2002）と考えられてきた。そこには、両者の"非対称性"の構図にこそ、諸課題の起原があるという問題認識があった。

　大澤（2013）は——メディア状況としてはインターネットも含めた現代社会のコンテキストをふまえて——、情報の発信者という立場に自己を投射すると、平たく言えば「上から目線」の文体を用いるようになると指摘している。「上から目線」の文体とは、すなわち、「無知な者に教えてやろう」、「ほんとうのことがわからない者の蒙を啓いてやろう」というコノテーションをもった文体（p.176）のことである。"情報の川上と川下"というメディア業界のジャーゴン（仲間だけに通じる特殊な用語）が示しているとおり、送り手は受け手に対して、権威的・権力的に——それが善意のもとでおこなわれるにせよ、一般的に

はパターナリスティックに――なりがちである。すくなくとも、その関係は"対等ではない"と認識されている。このことが、"二項"を必然的に"対立的"なものにしていると考えられる。

　このような、〈送り手／受け手〉を峻別して対置するモデルの原型となったのが、シャノンとウィーバーの「通信システム」モデルである（**図3-1**）。ここでは情報が、送信者（図の左側）から受信者（図の右側）に向かって、――ノイズによる干渉が考慮されているとはいえ――線形的・直線的な過程を経て伝えられるものとされていた（Shannon & Weaver, 1949＝2009）。

　このmachine to machineを想定した数学的なモデルを、man to manの対人コミュニケーションにもあてはめるようになった1950年代には、フィード

図3-1　一般的な情報伝達回路（通信システム）
（Shannon & Weaver, 1949＝2009: p.64をもとに一部改変）

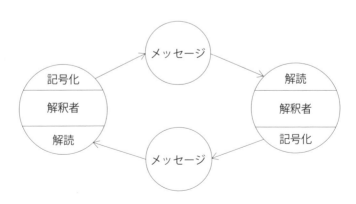

図3-2　オズグッドとシュラムの循環モデル
（McQuail & Windahl, 1981＝1986: p.25をもとに一部改変）

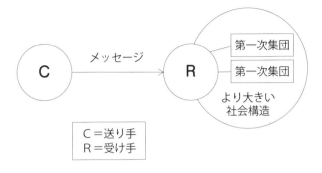

図3-3　ライリーとライリーの〈送り手／受け手〉モデル
(McQuail & Windahl, 1981 = 1986: p.49をもとに一部改変)

バックの作用を組み込むなど、コミュニケーションを非線形のものとみなす、実際的な観点に立った修正がおこなわれた (McQuail & Windahl, 1981 = 1986)。しかしながら、コミュニケーション過程を「終わりのないもの」としてとらえなおしたオズグッドとシュラムのモデル（**図3-2**）や、コミュニケーション過程は「社会的真空」のなかにあるわけではないとしたライリーとライリーのモデル（**図3-3**）に見られるとおり、二項対立的な図式は多くの場合において温存されることになった (McQuail & Windahl, 1981 = 1986)。上述したオズグッドとシュラムの循環的なモデルでさえも、マス・コミュニケーションの分析にあてはめる際には、図の右側に「大衆」という受け手を設定し、送り手に対しては「推論的なフィードバック」がなされるのみとしていた (McQuail & Windahl, 1981 = 1986)[1]。このようなコミュニケーション・モデルズの系譜のなかで、送り手を中心に据えた研究を「伝達過程論」、受け手を中心に据えた研究を「受容過程論」と呼び習わしてきたのである。

　そのなかにあって、「マスコミュニケーション・モデル」は、すでに多数の学説が提起されており、詳細を網羅的に検討することは難しい。以下で、著名な学説の変遷を概括するが、端的にいえば、マスメディアの影響を絶大とみる（1）「強力効果説」から、その影響力を限定的にとらえる（2）「限定効果説」、そして、受け手からの作用も重視する修正的な理論——ここでは野村（2002）にならって、（3）「複合影響説」[2]と呼ぶ——に変遷してきたと考えられている。

「強力効果説」（1）では、マスメディアが、情報の受け手一人ひとりに直接的な影響を及ぼす強力なパワーがあることを主張したとされる[3]。代表的な研究として、「オーソン・ウェルズとマーキュリー劇場」で放送されたラジオドラマ「宇宙戦争」のリスナーたちがパニックに陥った（とされる）事件を扱った、キャントリルの研究をあげることができる（Cantril, 1940＝1971; 森, 2009）[4]。

「限定効果説」（2）に関連する研究の代表例が、ラザースフェルド＆ベレルソン＆ガウデットの「ピープルズ・チョイス」である（Lazarsfeld & Berelson & Gaudet, 1944＝1987）。人々は準拠集団に規定されながら情報を選択的に受容することや、オピニオン・リーダーを媒介してフォロワーに情報が伝播されていくこと——二段階の流れを経ること——などが見出された。

その後、（1）や（2）では、事態を単純化しすぎているきらいがあるという批判から、さまざまな修正理論——その主なバージョンとして「複合影響説」（3）——が提起されてきた。以下、野村（2002）を参照して整理すれば、（1）を修正するものとして、マスメディアが強力な影響力を持ちうるのは、目新しい話題を提起する際だけであるとする「予防接種効果説」、マスメディアが影響力を持ちうるのは、今なにを考えるべきかという争点を提起する機能だけであるとする「議題設定機能説」などがある[5]。また、（2）を修正するものとしては、人々は何が正常で何が異常かを判断する際にマスメディアの論調を参照するという「文化規範説」や、人々は意見の表明をする際に、自分が多数派か少数派のどちらに所属しているのか確認し、仮に後者であることがわかると容易に意見表明を控えてしまうという「沈黙のらせんモデル」（Neumann, 1980＝2013）などがあげられる[6]。

これらの代表的な理論をふまえたうえで、"修正の修正……"、"複合の複合……"といったバリエーションが提起され続けている状況にある。ただし、程度の差こそあれ、これら諸理論の多くに共通して見出されるのは、前節で確認したような〈送り手／受け手〉の二項対立的な図式であった。

たとえば、クラッパーは、初期のマス・コミュニケーション研究を総合するうえで、「現象論的アプローチ（phenomenistic approach）」を提起した。ここでは、「送り手」（マスメディア）対「受け手」を直接的な関係でとらえるのではなく、マス・コミュニケーションの効果を、他の様々な影響力の中で作用す

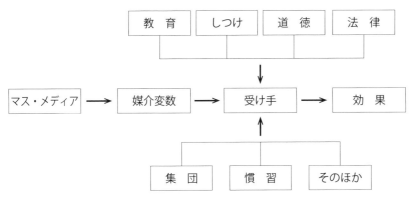

図3-4　クラッパーの現象論的アプローチ・モデル

(田崎・児島，1992: p.41を改変)

る"ワン・オブ・ゼム"として相対化してとらえようとしている。しかしそれでも、左辺から右辺に情報が流れていくという従来の枠組みに関しては、そのままのかたちで温存している（**図3-4**）。マスメディア自体は、社会から何ら影響を受けていないようにみなせることなど、このモデルには批判すべき点が多い。

　このようにして学説の系譜を概観するかぎりにおいて、災害報道をめぐる閉塞した事態を超克するためには、理論フレームを根本的に見直すことが求められると考える。そこで次章では、その足掛かりを与えてくれる、日本の火山学の分野における知見を検討する。

2　減災の正四面体モデルの特長と限界

　災害報道研究において、独自の理論研究が低調であったことは、**第2章**で述べたとおりである。ここで、いまいちど災害報道の機能や使命（**第1章**）をふまえるならば、災害報道は、被災（した／する）社会の関係当事者が事態の改善に向けて尽力する際に、わずかながらでも寄与できるものでなければならない。しかしそこでは、前章でみたような"二項対立的"な問題把握の図式自体が、実践上においても問題の克服を阻んでいるものと考えられる。従来とは異

なるモデルに則したアプローチを採用することが求められる所以である。

　ところで、こうした問題意識をふまえたモデルが、すでに火山災害の研究領域において提起されている。本節では、この知見をひもときながら、その特長および限界点を検討しよう。

　当該モデル（**図3-5**）は「減災の正四面体モデル」という（岡田・宇井, 1997; 岡田, 2008）。この理論フレームは、火山災害の被害軽減を目的として、20世紀末に提唱された。背景には、火山被害予測地図などの防災情報が完備されたなかで起きてしまった"ネバド・デル・ルイス火山の悲劇"（1985年）[7]などがあげられる。リスクに関する情報が、ただそこにあるだけでは人の命は救えないとの切実な反省のもとに、研究者が独自に当該モデルの構築をおこない、実践に結びつけてきた。

　そこには、「科学者は自然の一番の理解者」（岡田・宇井, 1997: p.112）であり、完璧な噴火予知が叶わないことも十分承知したうえで、最大限、行政や住民やメディアと連携して適切な避難行動を促す必要があるとの考えがあった。さらに当該モデルの提唱者は、強い自戒の念を込めて、次のようにも記している。

　しかし科学者は自分が理解し論文に仕上げると、次の仕事に没頭し、とも

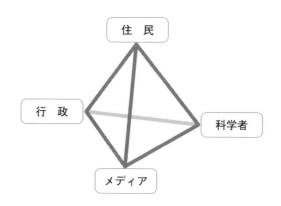

図3-5　減災の正四面体モデル
（岡田・宇井, 1997の表記を一部改変）

すれば象牙の塔にこもりがちである（岡田・宇井，1997: pp.112-113）。

　当該モデル図の特長は、火山防災に立ち向かう代表的な主体を、住民、行政、マスメディア、科学者の四者として明示したうえで、その距離を均等に配置している——したがって、等しい長さの線分で四つの頂点が連結された正四面体の立体構造になっている——ことにある。そのなかで、敢えて住民を正四面体の最上部に据えたのは、住民こそが「災害の"主人公"となりうる」からであり、そのほかの主体——行政やメディアや科学者——は、「住民の自覚と行動を底辺から強力に支援する必要がある」との理由からであったという（岡田・宇井，1997: p.113）。

　当該モデルの妥当性を裏付けるリーディング・ケースとなったのが、2000年の有珠山噴火の際の住民避難行動である。室﨑（2008）によれば、「的確な情報提供で住民の事前避難を成功裏に導いたことは、良く知られている」とのことで、災害対応の分野において、いまでも広く引照されている。

　噴火の危機が迫るなか、平素から顔なじみだった科学者からの注意喚起に対して、行政は速やかに避難指示を発令、メディアはそれを冷静に受け止めて伝達し、住民も素直に従った。結果、整然とした避難行動によって、ひとりも犠牲者を出さずに済んだという。当時、室蘭民報に所属して取材活動をおこなっていた記者のひとりは、「私ども有珠山の折には岡田先生、宇井先生を全面的に信頼して、その解説をしっかり受けとめる。それから行政がいろんな混乱とか、小さな局面での混乱はあるけれども、そこにとらわれることなく、今行政がどういう支援策をしていこうとしているのか、明後日には行政がこういうような対策を打ちますよということをしっかり」記事にしていったと述懐している（日本災害情報学会，2004: p.45）。

　このような"有珠山の成功"を導き出した当該モデルを、コミュニケーション・モデルズの系譜に照らしてみた場合、メディアを、減災社会を目指すアクターのひとつとして明確に位置づけた点において、従来の"二項対立"の図式をひとつ乗り越えたものとして評価することができよう。

　しかしその上で、当該モデルを額面どおりに継承するだけでは限界があることも指摘しておかなければならない。2011年の東日本大震災や2010年チリ

地震津波における避難行動に見られた"情報あれど避難せず"といったケースに関しては、このモデルのままでは十分にとらえきれない課題が残るからである。

　先に東日本大震災のほうを見ていくと、2万人近い死者・行方不明者 (警察庁, 2011a) の死因の9割以上は、「水死」だったとみられている (警察庁, 2011b)。これは、これまでに経験したことがないほどの強く長い揺れに見舞われた——つまり、体感という直接的な情報があった——にもかかわらず、大勢の人が適切に避難することができなかったことを示している。加えて、多くの人たちは、広域なエリアが停電したにもかかわらず、何らかの間接的な情報を得ていたことがわかっている。つまり、"不意打ち"などではなかった。

　たとえば、環境防災総合政策研究機構が、震災から1カ月あまり後に、岩手県釜石市と宮城県名取市の避難所で聞き取り調査をした結果によれば、「大津波の警報」を「聞いた」と回答した人は、89.2％にのぼっていた (環境防災総合政策研究機構, 2011)。また、内閣府・消防庁・気象庁が、避難所や仮設住宅で実施した共同調査の速報 (2011) でも、被災地の沿岸住民の過半数は、「津波情報や避難の呼びかけ」を「見聞きした」と答えていた。「大津波の津波警報 (原文ママ)」に限ってみれば、岩手県で87％、宮城県で79％が「見聞きした」という結果となっていた[8]。

　次に、2010年チリ地震津波であるが、まさに、地球の裏側という遠地で津波が発生し、襲来までのリードタイムがほぼ丸1日あったにもかかわらず、避難率はおしなべてどこも低調だった。さまざまな調査結果をふまえれば、人々は津波に関する情報を「何も知らなかったから逃げなかった」のではなく、「それなりに知っていたからこそ逃げなかった」ことが明らかになっている。NHK放送文化研究所の調査 (石川, 2010) によれば、避難対象住民が「逃げなかった理由」として最も多く挙げたのは、「自分のいるところは安全だと思った」という回答だった。また、岩手県と岩手大学の調査 (2010) では、「避難所から帰宅した理由」の第1位を、「津波の第1波が予想より低かったから」(そういう安心情報を入手したから) という回答が占めた。

　東日本大震災とチリ地震津波、これら2つの代表的な事例における課題を、「減災の正四面体モデル」にあてはめて考えてみると、当該モデルが、従来の〈送

り手／受け手〉の"二項対立"の図式から"四項連携"の図式に押し広げられたものである点を最大限考慮したとしても、おそらく、"もっとよりよい連携を"と、"もっとよりよい情報を"という改善策のみが導き出されることであろう。さらにこれを補うとしても、"平素においても、もっとよりよい連携を"、"緊急時においても、もっとよりよい情報を"といったことなどが指摘されるに留まるであろう。

　もちろん、上述したような改善策は常套であって、決して誤っているわけではない。ただし、情報の精度を上げたり、情報伝達ツールを拡充したりする従来のアプローチと比べて、本質的に何ら変わりがないという点において、限界がある、すなわち事態の根底的な解決に向けた新規性がないと言わざるをえない。そもそも日本では、昭和27年（1952）に津波予警報システムの運用が開始されて以来、"適切な情報を与えれば、適切な避難行動に結び付く"との考え方、いわゆる合理モデルに基づいて、気象庁や自治体が発信する情報をメディアが迅速・的確に住民に伝達する体制の強化が、連綿と続けられてきた。それだけ長期間にわたって同じスタンスで取り組みを継続してきたにもかかわらず、牛山によれば「率直にいって、災害情報による効果は、今のところほとんど具体的には現れていない、というのが筆者の印象である」（牛山，2008: p.163）と厳しく評価される状態に留まってきた。このような閉塞した状況を真摯に受け止めるならば、従来とは異なるアプローチを模索するような"改善策の立て方自体の改善"が検討されなければならないはずである。

　この点に関連して、すでに矢守（2013）は、「災害情報のパラドックス」の問題として、次のような認識の整理をおこなっている。「初期の圧倒的成功とは対照的に、災害情報が質量ともに充実するにつれて、そのプラス面（効用）の進捗は頭打ちになる。そして、大いに注視すべきこととして、限界効用の逓減よりもさらに一歩進んで、かえってマイナス面までが顔をのぞかせ始める」のだと。その具体例として挙げたのが、「情報待ち」（避難に関する情報取得を待ってしまうことで、かえって避難が遅れる現象）や、「行政・専門家依存」（災害情報の扱いを含め、防災に関する活動を一般の人々が行政機関や専門家に任せてしまう傾向）などの現象であった。このことを、さらに災害報道研究に引き寄せてメディアの"立ち位置"からとらえなおしてみれば、以下のようになる。すなわ

ち、災害報道の従事者が、従来のフォーマットを墨守して情報伝達の役割にのみ関心を示す"事態の外在者"（父権的な唱導者）としてふるまえばふるまうほど、問題を「拡大再生産」するおそれさえ生じうるということである。

　したがって、このような状況もふまえて根本的な改善策を導き出すためには、「減災の正四面体モデル」を継承しながらも、さらに一歩進んだ理論フレームを案出していく必要があると考える[9]。その最初のステップとなるのは、当該モデルにおいて前提となっていた──これは、従来の（マス）コミュニケーション・モデルでも大前提となっていた──「情報」という概念の再検討である。

　次節では、「情報」というキーコンセプトをあらためて検討しなおしたのち、上述したような、理論上／実践上の根本問題を超克するために、「情報」に替わって「リアリティ」という視座を確保することを試みる。

3　リアリティの地平

　ジャック・デリダ流に「情報」という概念の定義を示すならば、「情報とは、すなわち差異」のことである。ベイトソン（1979＝2006）も、情報とは「差異をもたらす差異」として定義づけている（なお、赤城, 2006）。本研究では、こうした原理的な定義を参照しながらも、災害報道をめぐる根本問題を改善していくことを念頭において、特に「情報」の生成過程に着目して、その特性を再検討していく。

　大澤（2013: p.209）も示しているとおり、われわれが何かを、たとえば、「A」を情報として認知するときには、ありとあらゆる"無限の差異"を検討してから「A」を特定しているわけではない。他ならぬ「A」か「非A」かを、一定の"意味のある区別として"切り出している。このとき前提となっている「有意味性のまとまり」[10]──上述した例をふまえれば「A」の体系を有限ならしめている構造[11]──を、本研究では、最広義の「リアリティ」と呼ぶことにする。ここで理解の助けとなるように、「A」に「イヌ」という情報を外挿してみよう。われわれは、四つ足で親しげに近寄ってくる動物を見た瞬間に、それを「イヌ」だと覚知できる。さらに、その動物がぬいぐるみであっても絵画であってもキャラクターであってさえも、「イヌ」を「イヌ」として理解して

いる。しかしこのとき、「ネコ」や「ウマ」や「ウサギ」といった全く別の体系を呼び出して、消去法的に「イヌ」を割り出しているわけではない。「イヌ」を想起する有意味性の体系（「イヌ」らしさのリアリティ）が独自に構築されていることの証左である。

　「情報」は、「リアリティ」を媒介して、「それ」として特定されたものを指す。再び大澤の論考（1995: p.31）を参照してまとめると、「情報」とは、「それ」が何であり何でないかという同一性の選択肢の“潜在的な”可能性——すなわち、「リアリティ」——から、“選択的な作用”を経て“顕在化”したものであるということになる。ただし、ここで急いで補っておかなければならないが、バーガー＆ルックマン（1966＝2003）が指摘するとおり、このときこうした「超越」（意味の特定）の作用とは逆向きの、「統合」の作用も同時に駆動している。特定の情報を取得したことによって、そこにあらたな「リアリティ」が構築されて「有意性構造」の再編成が促されるような機制である。「リアリティ」は、社会の産物であると同時に、社会変動のひとつの要素でもある（Berger & Luckmann,　1966＝2003: p.133）[12]。

　再び「イヌ」という情報を例にしてひもとけば、あまりにも体躯が精悍で獣の気配を強く漂わせている「それ」に出会ったとき、とっさに「オオカミ」という体系を想起しかけるときがあるだろう。しかしそれでも、「それ」が「アラスカン・マラミュート」という「イヌ」であるとひとたび知った（これが「超越」の作用）ならば、われわれはこの経験を通して「イヌ」らしさのリアリティを押し広げることになる（これが「統合」の作用）。そして次の機会に「チェコスロバキアン・ウルフドッグ」と出会ったとき、「あ、これはイヌの一種だろうな」という認識（情報）を得ることだろう。

　また、「情報」は、普遍／不変な“ユニバーサル・コード”とみなされている限りにおいて、原理的に一意（one meaning）である。すなわち、特定の意味を持った「記号」として認識される（西垣，1999）。このような情報の志向性は、「災害情報」において特に顕著であると考えられる。警報や注意報、避難指示、数値で示された様々な事態の現況、明確に規定された防災や復興の計画など、いずれもが、重要な「情報」——ゆるぎのないもの、ノイズがあっては困るもの、最終的には“確定報”になることが期待されているもの——とし

て流通している。

　災害報道の現場には、このことをふまえた象徴的な"教え"がある。情報を伝える"４つのＴ"、すなわち、送り手は「適時 (Tekiji)」、「的確 (Tekkaku)」[13]、「適切 (Tekisetsu)」、「丁寧 (Teinei)」を心がけて伝達せよ、というものである（小田，2004）。この"４つのＴ"を遵守することで、「情報Ａ」は「情報Ａ」のままで、その意味を保持して伝達され、あるときは人々を避難させたり、あるときは人々を支援できたりするというのである[14]。

　しかしながら、実際には、man to manの対人コミュニケーションにおいて、「情報Ａ」が「Ａ」のままで伝わることは困難である。たとえば、「津波だ！」という「情報Ｔ」があったとして、各人が「つ・な・み」という音を感知し、「津波」とはいかなるものかその意味内容を互いに知ったと仮定しても、どれほど切迫した状態で「津波だ！」という情報がいま発せられているのかまでは、各人が置かれた状況が異なる以上、完全に同じものとして複写されるわけではないからである。このことは、すでに東日本大震災の初動期において、各所で見出された難題であった。このような視座に立ったとき、これまでの災害報道研究の系譜において見逃していたものが明らかとなる。それは、先にもすこしふれたが、「情報」の生成過程の母胎となっていた「リアリティ」からのまなざしである。

　ところで、ここまでは、ひとまず「リアリティ」を、「情報」との関係性において「有意味性のまとまり」であると措定してきた。この「リアリティ」という概念には、すでにいくつもの定義が存在するが、本研究では、池田 (1993; 1997; 1999) やフェスティンガー (1950) などの従来の社会心理学における定義ではなく、社会構成主義 (social constructionism) としてガーゲンが提起してきた定義を援用する。ガーゲンは、あらゆる対象・事象の同一性（「それ」が何であるかということ）は、人々の関係性を通して共同的に構築されるものであると指摘し、同一性を帯びたものとして人々に認識されている対象・事象の"総体"を「リアリティ」と呼んだ（ガーゲン，1994a＝1998; 1994b＝2004; 1999＝2004; 矢守，2009）。

　ガーゲンの定義にもとづけば、ユニバーサル・コードとして擬制された「情報」が持つ"静的"な特徴とは対照的に、「リアリティ」は、日常世界のロー

カルな現場で共同的に構築されるという点において、“社会的”で“動的”な特徴を有することになる。「リアリティ」には、どこかに客観的・中立的な、普遍・不変の“不動点”があるわけではなく、多様・多層であり、インタラクションによって変容しさえもする。このとき、我々が捕捉したとみなしている「リアリティ」とは、社会的なダイナミズムにおける「動的平衡（Dynamic Equilibrium）」（福岡，2009; 2011）として、そこに「有意味性のまとまり」を成しているもの——そのように経験されるもの——だということもできよう。

　矢守（2013）は、「コミュニケーションの一切から離れて、それ単体として存在する災害情報は、理屈としては想定しえても現実としては無意味」であるとしているが、このことを本研究に引き寄せて考えてみると、「すべての災害情報をめぐるリアリティは、コミュニケーションによって社会的に共同構築される」ということになる。そしてまた同時に、「すべての災害情報は、社会的に共同構築されたリアリティを通してはじめて、その状況におけるローカルな意味が与えられる」ということにもなるであろう。このような「リアリティの社会性（共同構築性）」は、リアリティの本源的な特性であるとみなさなければならない。

　繰り返すと、リアリティは、社会的真空から生まれるものではない。「世界」の中において、相互的なインタラクションを通して、ある一定の“同一性”を獲得しながら構築されていく。ここで「世界」とは、人間が体験している、相互に関係しあっている「意味の秩序」の“総体”を示している（大澤，2012: p.136）。また、ユクスキュル（1950＝2012）やユクスキュル＆クリサート（1970＝2005）を参照するならば、それは、生物としての感覚器を持つ人間が、その主体的な関わりにおいて意味を与えて作り上げたもの、すなわち「環世界（ウムヴェルト Umwelt）」を指すことになる（さらに日高，2003）。いずれにおいても、人間にとっての「世界」とは、人間が構築するもの、そのすべてとして措定されている。もちろん、その認識の外に、まだ感覚されていない何ものか、“物自体の世界”としての「something」があることを否定・排除するものではない。

　さて、この「世界」の中で、多くの場合、“同一性”は「言語」というアーティファクトによって媒介される。すなわち、「言語」を通して「世界」は分節さ

れる[15]。たとえば、情報「A」をめぐる「リアリティ」は、「A」や「非A」や、さらには「A´」や「a」なども含めた、ある一定のまとまりをもった状態で、「世界」から切り取られる。そしてこのときには、規範や価値、時代や文化といった社会的なコンテキスト（context）が影響を与えることになる[16]。大澤（2008）が、後期ヴィトゲンシュタインの説を引きながら「言語は本性として社会的であり、私的言語ということは自己矛盾的」（p.6）であると指摘しているとおり（また、永井，1995; 橋爪，2009）、言語自体が社会的な構築物である以上、言語の介在は、「リアリティ」が原理的に社会的なものであること、すなわち純粋に個人的なものではありえないことの証左となっている[17]。

　この点に関して、ガーゲン（1994a＝1998）は、次のように指摘している。

　　「意味をつくる」というのは、基本的に、社会的な営みなのである。他者が合意しなかったら、その言葉は、ただのナンセンスである（pp.113-114）。

　　社会的な行動に関する知識は、単一の個人の独立した行為の産物なのではなく、社会的な共働の産物なのである（p.114）

　ガーゲン（1994a＝1998）の立場によれば、およそ「意味」というものは、それが受容者の解釈から独立して存在するということはありえない（p.126）。たとえば、エスノメソドロジーでは、すべての語は「文脈表示的」であると主張されている。「文脈表示的」な語は、「文脈的情報」がないと、理解しようがない（p.135）。したがって、「ある特定の集団の、言語的習慣に入り込まない限り」（p.99）、換言すれば、ある事態の経験に内在しないかぎり、意味を知ることなどできないことになる。類例は、いくらでも示すことができる。たとえば、デンマーク語の「ヒュッゲ（hygge）」という言葉は、辞書的に和訳すれば、「居心地のよい場所／幸福感のある時間」ということになるだろう。ただし、この言葉を結晶させるリアリティは、北欧の環境に身を置いたときにはじめて実感されるはずである。日照の少ない時節の柔らかい日差し、友人たちとの屈託のない語らい、かわいらしい子犬との散歩道、小鳥たちのさえずり、部屋を照らすランプの温かみある明かり、ソファでくつろぎながら窓の外の梢を見遣

ること……。日本語の「肩がこる」という言葉は、いかがだろうか。ポリネシアやカリブの島民に、それがいかなる経験であるかを正確に説明することができるだろうか。それが単に「肩の筋肉が緊張している（My shoulder is stiff.）」ことなどではないことは、日本で暮らす日本人であれば、みな知っている——共通のリアリティを持っている——はずである。このときに、さらに次の点が重要である。

　　経験的世界が絶え間なく変化し続けるのに対して、言語は、変容とは無縁で永続性のある実体を作り出すという性質をもっている。経験と言語との間にあるずれに注目することは、社会行動学の理論がどのようなものであるかを研究するうえで、格好の出発点となる（ガーゲン, 1994a = 1998: p.75）。

　ここにおいて、本研究が採用する方略は、ガーゲンのいう「言葉」と「経験」のずれ、すなわち、「情報」と「リアリティ」のずれを明確に意図するために、敢えて「リアリティ」の観点から事態をまなざそうというものであると約言することができる。

　「世界」・「リアリティ」・「情報」、この3つの連関を、階層構造としてモデル化したものが、**図3-6**である。

　この三層は、「リアリティ」（第II層）を中心に据えて下層から順に見ていけば、「世界」（第I層）を母胎にして「リアリティ」（第II層）が形成され、その「リアリティ」（第II層）が対象化・客観化されたものとして「情報」（第III層）が生成される、このようなダイナミズムとして解することができる（Berger & Luckmannのいう「超越」の作用）。そして、もちろん、逆向きの作用も同時にまた駆動しており、インプットされた特定の情報（第III層）が「リアリティ」（第II層）の再構築・再編成をうながし、「世界」（第III層）の認識を変えることもある（Berger & Luckmannのいう「統合」の作用）。

　なお、ここで注意しておかなければならないのは、**図3-6**に描いた三層構造のモデル図は、あくまで認識過程の瞬間をとらえた"スナップショット"[18]であるということである。ガーゲン（1994a = 1998）の言を借りれば、「ずらり

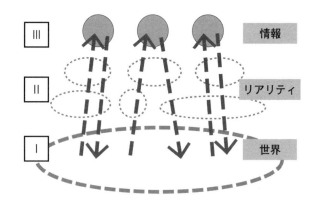

図3-6　〈世界・リアリティ・情報〉の三層構造モデル

と並んだ文脈は、静的なものではなく、絶え間なく反射しあっている」(p.81)。
われわれは、常に動的な過程の中にあるということを、十分ふまえる必要がある。

　さて、ここまでずいぶん言葉を重ねて説明してきた。ここであらためて、具体的な災害事例を使って、「情報」と「リアリティ」の位相差を見ておこう。たとえば、雲仙普賢岳災害（1990年〜1995年）では、「（小規模な）火砕流」と「溶岩の崩落」、ないしは「熱雲」[19]という「情報」のありようが問題となった。この2種類（ないしは3種類）の情報が、どのような火山学的な物理現象を示しているのか、当時、勉強会等を通じて知識として「知って」いた報道関係者は多数いたのだが、しかし、それぞれの情報の背後にある「リアリティ」、すなわち火山学者が抱く危機感のエスカレーションまでをも共有していた報道関係者は、ごくわずかしかいなかったとみられる。あるTV記者の以下のような証言が、そうした事実を傍証している。

　　火砕流については、学者などから聞いて、知ってはいました。でも、まさかあんな感じで来るとは思っていなかったのが本当のところです（江川, 2004: p.178）。

　もうひとつ、津波災害の分野においても類例を示すことができる。明治期から昭和期にかけて、三陸地方では「津波」という言葉以外に、「よだ」という言葉や「海嘯」という言葉が広く流布していたという。それぞれの言葉を聞いて人々が抱く「リアリティ」は、異なるものであったことが証言によってあきらかになっている（吉村，2004）。「よだ」を「高潮」のようなものとして想起する人もいれば、「津波」と同じようなものとして想起する人もいた。また、「津波」を「海嘯」のようなカタストロフィックな現象であると理解している人もいれば、突発的な「高波」のようなものとして想起する人もいた。このような多様な「リアリティ」が背後にある状況下にあって、いくら「津波だ！」と叫んだとしても、その特定の「情報」——津波というものが到来するという情報——で誰もが適切な避難行動をとることができるとは限らない点、容易に想像できるはずである。

　このような難点を十分にふまえたうえで、あらかじめ危難に見舞われるまえに、「リアリティ」の層をまなざしながら、互いにどのような有意味性のまとまりを保持しているのか確かめ合い、防災・減災をめぐる「リアリティ」を共同で構築していかなければなるまい。

　もうひとつ、「緊急地震速報」という災害情報を例にとって"ダメ押し"をしておこう。いま、「最大震度6、あと10秒」という"客観的な"数値データが算出されたとする。この情報の意味するところは、文字どおり、「最大震度6」の揺れが「あと10秒」で惹起されるかもしれないという、本来であれば"危険性・切迫性"を示したものであると、ひとまずは説明することができる。しかし、この情報の作出にこれまで関わってきた気象庁の担当者や専門家からすれば、それがどれくらいの誤差を含みうるものなのかといった限界が想起されるだけに留まらず、これまでのテクノロジーの進展に対する苦闘の歩みやそこで培われた誇り、社会に与えるインパクトの大きさに対する不安感や、それでも人々の命を守る上で役立てたいという使命感など、そうした心情の一切合財がない交ぜになったうえでの「最大震度6、あと10秒」であるはずである。一方、市民のほうでは、「最近、外れることが多い情報だしなあ」と、半信半疑で受け止める（受け流す）人もいるであろうし、この情報がリリースされることに良い意味で慣れてしまったので、「まあとりあえず、机の下にもぐって

おこう」と冷静に対応できてしまう人もいるだろう。また、過敏に反応しすぎて「このままでは助からない」と、家を飛び出してしまう人もいるかもしれない。さらにこの情報に生まれてはじめてふれた外国人がいたとすれば、「奇妙なアラーム音だな、デバイスのエラーかな」といった些末な印象を持つのが"関の山"かもしれないし、下世話にも、「この予想が外れたら、誰が責任をとるんだろう」といった素朴な疑念しか抱けないかもしれない。

　繰り返せば、「震度6、あと10秒」という「情報」は、アラート（alert）という本来の役割においては、原理的に一意でなければならないはずであった。対照的に、その「情報」の背後にまつわりついた「リアリティ」はといえば、各人それぞれの"立ち位置"や"置かれた状況"によって、まったくもって多様・多層にならざるをえない。しかし、そのばらばらの「リアリティ」は、どれも決して不変のままであるというものではない（ただし、繰り返せば、一義的に「情報」は不変である）。住民が専門家の思いを直に聞いたり、行政職員の悩みにふれたり、逆に専門家や行政職員が住民の戸惑いを耳にしたりすると、互いのリアリティが少しずつ重なってくる余地が生まれる。もちろん、それを完全に一致させることができて、どこかに正解の交点があると考えるのは早計である。しかし、"ともにコトをなす"、たとえば、緊急地震速報のメッセージのカスタマイズを、専門家と素人が同じテーブルで共に検討してみることを試行してみたとするならば、そこにあらたな有意味性のまとまりが共同構築されるポテンシャルは十二分にあるということができる。そのささやかな共同作業を経由して、次に「緊急地震速報」が出た際には、その情報に関わるアクター同士、互いに相手の顔が浮かび、相手が言いそうなこと、相手がとりそうな所作がすぐに想起できるようになっているはずである。換言すれば、互いの多様性を前提としながらも、相互のインタラクションによって賦活されることを通じて、「リアリティ」は、より豊かなものへと変容していくのである。

　「情報デザイン」論を主導してきた渡辺（2001）は、「情報は、人がこの世界のなかで他者とコミュニケーションしたり環境やモノとかかわったりしているような複雑で多様な経験から『切り離され』、紙やデジタル媒体などのメディアに『閉じ込められ』ることで初めてデザインの対象となりえた」（p.189-190）と指摘している。これは、本研究でいうところの、第Ⅰ層（世界）・第Ⅱ層（リ

アリティ）と第Ⅲ層（情報）とが分離していること、すなわち客観化・対象化していること、さらにふみこんでいえば、物象化していることと同じことを指しているものと考えられる。渡辺は、上記のように「情報」を位置付けたうえで、「しかしながら、情報を、それを生み出す人や環境と切り離してしまうことによって、デザインは一見やりやすくなるように見えながら、その反面で大きな誤りを抱える場合もある」（p.190）と本質的な課題を提示している。そして、「情報デザイン」の対象はモノではなくコトであると主張している。本研究もこの点、まったく意を同じくしている。だからこそ、情報をデザインする際において我々がよくよくまなざすべきなのは、「リアリティ」の層――"ともにコトをなす"ことの中において経験されるリアリティ――であると考える。それはすなわち、上述した例において「震度6、あと10秒」という「情報」だけを切り離して、「あと10秒、震度6」と言い換えたほうがよいかどうかなどといった小手先の変更を専門家やメディアが一方的になすことよりも、当該情報をめぐる多様な関係者がどのような「リアリティ」を経験しているのかを互いに配視し、共に議論し、共同で再構築していったほうが、リスク・コミュニケーション上は、より建設的であるということを意味している。

　以上をまとめると、災害報道をめぐる動的な過程をトータルに検証するためには、従来のような「情報」の観点（**図3-6**の三層構造モデルにおける第Ⅲ層）だけに拠るのではなく、「リアリティ」の観点（第Ⅱ層）からも事態をまなざすことが、より効果的であるといえるだろう[20)・21)]。

4　メディア・イベントにおけるリアリティの共同構築モデル

　さて、いよいよ本書が「災害報道研究」のために、新たに理論フレームを提起する準備が整った。まず、説明に先立って、「減災の正四面体モデル」の修正モデル、「メディア・イベントをめぐるリアリティの共同構築モデル」を図で示しておこう（**図3-7**）。一見すると、修正前の「減災の正四面体モデル」（**図3-5**）と見分けが付かないのではないかと思われる。

　まず、些末な点を先に処理しておくならば、「科学者」という用語を「専門家」と読み替えた点があげられる。災害対応の場面には、「科学者」（scientist）以

外の様々なプロフェッショナル、たとえば、医者や建築士、弁護士などが参加する。その実態をふまえて、「専門家」（expert）という用語に改めた。しかしそれ以外の主体に関しては、同じ用語のままとし、同じ位置にそれぞれを配置している。

　それでは、修正前のモデルと、どこにどのような違いがあるのか。要点は、次の２点に集約される。

（１）正四面体モデルが表現している"事態の総体"を、メディアのプレゼンスを前提とした「出来事＝メディア・イベント（media event）」としてとらえなおした。
（２）そのうえで「情報」(前節の**図3-6**でいうところの第Ⅲ層) だけではなく、「リアリティ」(第Ⅱ層) にも着目した。

　修正前のモデルにおいて、正四面体の構造によって表されていたのは、「減災社会」を目指す各主体の相互連携であったものと考えられる。これを修正後には、災害報道研究の充実化という本書の目的に照らして、メディアのプレゼンスをより重要視するために、災害対応をめぐる「メディア・イベント」としてとらえなおす。

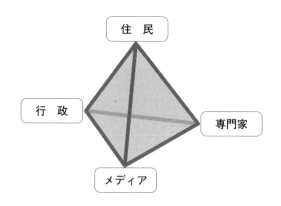

図3-7　メディア・イベントをめぐるリアリティの共同構築モデル

　リップマンが、「大衆が読むのはニュース本体ではなく、いかなる行動方針をとるべきかを暗示する気配に包まれたニュースである」(Lippmann, 1922＝1987: pp.76-77) と指摘して以来、「情報」の層よりもその背後にある「リアリティ」の層をまなざすことの重要性は、繰り返し指摘されてきたはずであった。ブーアスティンは大衆消費社会・情報化社会の到来を見据えて、人々の欲望を満たすためにメディアが製造したイメージ（原典では「イメジ」と表記）を「擬似イベント」と名付けた (Boorstin, 1962＝1964)。同じ頃、メディアそのものが人間の経験や社会関係を構造化する力があることを分析した——"メディアはメッセージである"と提唱した——のがマクルーハンだった (McLuhan, 1962＝1968)。

　ブーアスティンとマクルーハン、双方の視点を継承するその先の地平で、メディアが関与する出来事の全体構造とその影響力を分析する理論フレームとして提起されたのが、ダヤーンとカッツの「メディア・イベント」論であった（吉見, 1994; Dayan&Katz, 1992＝1996; 池田, 1993; 阿部, 2008; 古川, 2009; 近藤, 2011a; 津金澤, 2011）。吉見によれば、メディア・イベントとは、①メディア資本が主催するイベント、②メディアが大規模に中継・報道するイベント、③メディアによってイベント化された社会的事件、以上３つに分類される。ダヤーンとカッツは、英国皇太子とダイアナの結婚式、アポロ11号の月面着陸、オリンピックのテレビ中継等をそれぞれの代表例としてあげている（吉見, 1994）。

　ところで、これまで、災害対応における「緊急報道」は、事前に計画されていない突発事象であるとして、メディア・イベントの分析対象からは除外されてきた。しかし、「情報の環境化」（藤竹, 2004）が進んだ高度情報社会では、すでに状況は一変したものと考えられる（藤竹, 1996）。日本では、予警報などの各種災害情報は、気象庁がメディアを通じて国民に知らせることがあらかじめ制度化されており、ＮＨＫなどでは常時リアルタイムで報道できる体制が整えられている。社会の側でも、たとえばマニュアルや防災訓練などにおいて、メディアが発信する情報をいかに素早く取得して適切に対処するか"事前に計画"しておくことが通例となってきた。そしてさらに平常時だけでなく災害時においても、メディアが伝達する情報を利活用することが常態化している。リ

スク・コミュニケーションを実証的に研究してきた福田も、「メディアのリスク・メッセージはリスクの関心度を媒介して、間接的にリスク認知やリスク不安に影響を与えている」（福田，2010: p.100）とした上で、テレビがリスク不安に与える影響は強く、その因果関係は「証明された」と主張している。こうした知見をふまえるならば、災害対応の総体を、ひとつの「メディア・イベント」と措定できる条件がほぼ整ったものとみなすことができるはずである（近藤，2011a）。

　先に、藤竹の「情報の環境化」（2004）という概念を引いたが、ここから本研究の〈世界・リアリティ・情報〉の三層構造モデルをふまえて想起しておかなければならないことは、「情報」の重要性が増すことにともなって、必然的に「リアリティ」をまなざすことの重要性も増しているということであろう。

　「減災の正四面体モデル」では、各主体を頂点に置き、それぞれを線分でつなぐ、その連携構造に焦点があてられていたものと推察される。「メディア・イベントをめぐるリアリティの共同構築モデル」では、線分の連結ももちろん大事ではあるが、それよりも、四つの正三角形の面によって成り立つ「空間」（出来事）自体に焦点をあてようとしている。したがって、すでに図で示したとおり（**図3-7**）、正四面体の中身は決して中空などではなく、作図では便宜上、色を付して意味を付与している。この中身こそが、本研究において定義してきた最広義の「リアリティ」である。**図3-7**では、"ベタ塗り"されているが、実際には、そんな単純なことはありえない。正四面体内部の「リアリティ」は、各主体相互のふるまいによって変容し、したがって色調も濃度も、あるいは熱量も、ダイナミックに移り変わっていくことが想定されている。

　以下、修正モデル──「メディア・イベントをめぐるリアリティの共同構築モデル」では、各主体のことを、「リアリティ・ステイクホルダー」（奥村・矢守・近藤，2010; 近藤，2011bなど）と呼ぶことにする。「リアリティ・ステイクホルダー」は、「リアリティ」を共同構築する関係当事者のことを指す。彼／彼女らは皆、相互に影響し合いながらリアリティを構築していく「メディア・イベント」のアクター（ないし、プレイヤー）である。

　たとえば、津波避難を例にとれば、実際に避難する住民はもちろんのこと、避難誘導に関わる自治体の行政担当者や消防団員、民生児童委員、災害報道に

従事するメディアの関係者などが該当する。そして、緊急に組まれた番組に出演した専門家などもすべて含まれる。ここで、もし、従来のアプローチにしたがって「情報」の層（第Ⅲ層）だけから事態をまなざすならば、住民は「情報の受け手」として、その位置づけを過小に評価されるだけかもしれない。しかし、「リアリティ」の層（第Ⅱ層）からも事態をまなざすならば、実は、住民は、重要な「リアリティ・ステイクホルダー」であることがわかる。住民のふるまい自体（実際に避難所に向かう行動など）が、またひとつの「情報」となって、リアリティの共同構築過程に影響を及ぼしていくからである。この重要な相互作用を、修正モデルであればしっかり見据えることができる。

そして逆に、リアリティの共同構築過程に関与する度合いが低い、すなわち、事態に“外在”しているのであれば、その関係性のありようこそが、今一度、問い直される必要があるということを指摘できるだろう。

そこで、上述した津波避難の例から、今度はメディアの“立ち位置”を省みてみれば、さらに新旧モデルの相違は明瞭となって浮かび上がってくる。これまでは「情報の送り手」としてのみ役割を確保していたメディアが、「自分たちも逃げなければならない」、「自分たちも当事者になり得る」、「それほどの重大事である」といった強い当事者性を帯びた構えを見せたとすれば、つまり、“事態の内在者”としてふるまったとすれば、「リアリティ」の層からは大きな変革を巻き起こせるかもしれない。そのときその場で伝えられた「情報」をめぐるリアリティは、“いつもとは違う、ただならぬ事態”であることを言外に察知させるものとなるだろう。もちろんそれは、従来の報道フォーマットから言えば、逸脱・破格ともいえるわけではあるが……。

ここまで、本研究において新たに提起する「メディア・イベントにおけるリアリティの共同構築モデル」の要点を概説した。以下、続く**第Ⅱ部**では、このモデルの視座に立って実際の災害報道の内容分析をおこない、問題を生み続ける閉塞した構造自体を再照射していこう。

〈補注〉

1）　もちろん、受け手とされる「大衆」にも「能動性」を付与したモデルが早くから登場している。たとえば、1970年代、ホールは、テレビ番組の制作過程を「コーディ

ング」、視聴者が番組をみる過程を「デコーディング」と位置づけたうえで（Hall, 1980）、両者の認識のずれに着目して、「支配的なメッセージを受動的に受け取る視聴者像から、一定の制約のもとで能動的に受容する視聴者像への転換」（門部, 2009: p.150）を図った。このときホールは、「意味の固定された一次元的メッセージを送り手が生み出し、受け手がそれを受信する」直線的なモデルを"仮想敵"とみなして、モデルの修正を提起したのだという（門部, 2009: p.154）。

2 ）田崎・児島（1992）は、これらを「新しい効果理論」と総称していた。しかし、本書の執筆時点（2021年春）において、「新しい」という形容詞はもはやそぐわないものと考えられるため、本研究では、この用語は採用しなかった。

3 ）有馬（2007）は、竹下の知見を引きながら、実は「強力効果説」の提唱者は不詳であり、ラザースフェルド以降の研究者たちが自分のモデルを引き立てるために、後年になって提出したのではないかと指摘している。

4 ）本書では第4章で、あらためて当該ラジオドラマ研究の意義についてふれている。

5 ）「議題設定機能説」研究の系譜・動向は、竹下（2008）に詳しい。

6 ）「沈黙のらせんモデル」において提唱された「意見風土」の概念は、本研究にとって非常に示唆的である（宮武, 2009）。"知覚された多数派"が持っている集合的な認識は、多くの場合、本研究における「リアリティ」とオーバーラップするものと考えられる。

7 ）岡田（2008）は、"ネバド・デル・ルイス火山の悲劇"に関して、生々しい記録を残している。以下、少し長いがここに引用しておこう。「ネバド・デル・ルイス火山の噴火で、何がショックであったのか。それは、この噴火災害が予測されたものだったからです。噴火が起こる以前からコロンビアの火山学者とヨーロッパやアメリカの火山学者が協力して調査を行い、国際的な火山観測網をつくりあげていました。災害の及ぶ範囲を示したハザードマップも緊急に整備され、その一枚はアルメロの市長にも届けられていました。かつてこの町は、噴火で氷河が溶けて流れ出てくる泥流に埋まったことがあったので、ハザードマップで想定したシナリオのなかには、その危険区域が赤く塗られていました。そこまでの準備をしながら、しかも実際にハザードマップの想定と全く同じことが起こりながら、科学は被害を防げなかったのです」（p.114）。結局、死者は、およそ2万1千人に達し、アルメロ市民の4分の3が、一度に命を落とした。

8 ）ただしこうした調査は、生き残った人だけを対象にして実施されたものである点、留意が必要である。本文の中で示されている情報取得率は、実際よりも過大に見積もられていると考えなければなるまい。

9 ）この点に関して、ガーゲン（1994b＝1998）の次の言葉が示唆的である。「理論的作

業は、実践のあり方をも規定する」(p.116)。

10) 「意味」と「価値」の概念を峻別することは難しい。内田(2002)は、「ある語が持つ『価値』、すなわち『意味の幅』」と定義づけている (p.66)。有元・岡部(2008)は、著作のなかでは「意味」と「価値」を並列して記載しているが、特段、定義づけをおこなっていない。田崎・児島(1992)によれば、「情報統合理論」においては、ひとに態度変容をもたらす情報には、「ウェイト(weight)」と「価値(value)」が割り当てられると説明している。そこでは「ウェイト」は、情報の真実さに対する個人の主観的な信念、「価値」は情報の情緒的な評価と定義されている。そして、「ウェイト」と「価値」の積によって、情報の「重要性(importance)」が得られるのだという (pp.63-64)。内田の定義に戻れば、「意味」は常に何らかの「価値」を帯びている。「価値」の要素を分解しても、それらはすべて「意味」の変化形でしかない。したがって本研究では、これ以上の概念操作に立ち入ることはせず、「意味」(man to man の対人コミュニケーションにおいて有意味であること)という用語で一本化しておくことにした。

11) 美馬(2012)は、「情報の経済学」に関して、次のように指摘している。「人間はコンピュータと違い、『しらみつぶしに』すべての選択肢の得失を事前に調べることはしない。そのための時間やコストが大きすぎるからだ。将来の不確実な状態のもとで決断するときには、直感的なもの、好き嫌い、何となくそう思ったという気分などが関わってくる」。この箇所で、決断の根拠としてあげられている感情や気分のまとまりを、本研究では最広義の「リアリティ」のなかに含み込んでおく。

12) ただしバーガー＆ルックマンは、「リアリティ」という言葉を使用しているわけではない。本書で引照した箇所では、知識社会学における広義の「知識」の特性を説明している。

13) 「的確」の読み方には、揺れがある(たとえば、文化庁, 1964)。「てっかく」と「てきかく」、いずれもが正しいとされているが、現在、ＮＨＫの放送では、おもに「てっかく」を使うことが推奨されているようである。

14) 東日本大震災以後、東北地方を中心にして、"３つのＴ"という教えに取って代わられた感がある。すなわち、「Talk」(被災者の話に耳を傾けるべし)、「Tear」(被災者と共に涙を流すべし)、「Time」(あせらず急がず、被災者と共に多くの時間を過ごすべし)の３つである。本研究にいう「メディア・イベントをめぐるリアリティの共同構築モデル」においては、いずれもが重要な要諦であるといえる。

15) 本研究では、言語決定論(linguistic determinism)の立場をとらない。虹の色を、明暗二色でしか表現できないインドネシアのダニ族でさえも、実際には、微妙な色調自体は区別して認識していることが調査によって明らかになっている(今井,

2010; 石黒，2013)。ガイ・ドイッチャーの著書には、数多くの類例が示されている (Deutscher, 2010＝2012)。言葉が人の認識の仕方に影響を与える——言葉が世界の分節の仕方に作用を及ぼす——という「言語相対論」(linguistic relativity) を支持するゆえんである。

16) その他に、高田 (2012) によれば、コミュニケーションの内容を規定するものとして、スタイル、ポジション (立場)、レイヤー (論理的か感情的か)、モード (真面目か遊びか等の様態) などがあげられる。

17) 同様に、内田 (2008) も次のように指摘している。「言語は他者と分かち合うことでしか存立しない。そうである以上、100パーセント自分に固有の内的経験を語りうる言語などというものが存在するはずがない」(p.249)。

18) 有元・岡部 (2008) の次の箇所が示唆的である。「現実は真空の中にはない。現実とは文化歴史的な網の目の中で、誰かの目に明らかになる一断面、つまり「スナップショット」と言ってもいい」(p.38)。「あまたありうる可能性の中の可能なあるスナップショットが不断に交渉されているそのプロセスの、別の名前が私たちの現実である」(p.39)。なお、本研究においては、「現実」(リアル) は、最広義の「リアリティ」として体験されるものとみなしている。

19) 日本災害情報学会の学会誌『災害情報』(2005) の記事 (シンポジウムの抄録) には、廣井脩による次のような発言が掲載されている。「火砕流は『熱雲』ともいう。1991年の普賢岳噴火の時には熱雲という言葉は使わなかった。ある火山の先生が『あの時熱雲と呼んでいたらどうだっただろうか』という反省を聞いたことがある」(p.20)。

20) 木村 (2002) は、離人症患者の例をひもときながら、リアリティとアクチュアリティの違いに関する考察をおこなっている。離人症患者は対象を知覚できるが、対象の実在性を失っている。この点をふまえて木村は、アクチュアリティの概念を、ベルグソンのエラン・ヴィタールの概念を引きながら、「生の各自的で直接的な営みである『生きる』ための実践的行為 actio に全面的に属している」(p.306) とし、一方、リアリティは、「公共的な認識によって客観的に対象化され、ある共同体の共有規範としてその構成員の行動や判断に一定の拘束を与えるものである」(p.305) と定義している。この違いに深入りすることは、本研究の目的から外れるため、節を設けて言を尽くすことはしないが、前者のアクチュアリティが、言葉を介して表出される時点において、それはすでに"リアリティとして経験されている"という点だけは、指摘しておきたい。木村自身も、論考の中で、次のようなセンテンスを挿入している。「アクチュアリティがアクチュアリティとして完成したとき、それはもはやアクチュアルであることをやめている」(p.308)。

21)　"経験"されるという点においては、ＶＲ＝「バーチャル・リアリティ」も、ＡＲ＝「オーグメント・リアリティ」も、ＭＲ＝「ミクスト・リアリティ」も、「それ」が実在すると"確信"されている度合いとその領域の広さに違いがあるだけで、要は、すべて「リアリティ」として現前しているに過ぎない。平野（2012）の近未来ＳＦ小説の中で、主人公は、最先端のＭＲとして開発された、「死んでしまった息子」のイメージと暮らしている。この息子のＭＲは、時間経過に合わせて成長するようにプログラムされている。ところでもし仮に、そもそも主人公が信じている「息子は震災で命を落とした」という記憶自体が誤っていたとすれば、そして息子のイメージは「ＭＲ」であるという確信が単なる主人公の思い込みだったとすれば、実は、目の前にいる息子（のイメージ）は、とどのつまり「Ｒ」（リアル）だったということになる。物語を読み進む途中、読者には、ＭＲ／Ｒについて判断する拠り所が十分に与えられていないため、このＶＲ（ＳＦ）としての物語に、かえって没入することができる。

〈参考文献〉

阿部　潔（2008）『スポーツの魅惑とメディアの誘惑——身体／国家のカルチュラル・スタディーズ』世界思想社.

赤木昭夫（2006）『反情報論』岩波書店.

有馬明恵（2007）『内容分析の方法』ナカニシヤ出版.

有元典文・岡部大介（2008）『デザインド・リアリティ——半径300メートルの文化心理学』北樹出版.

Bateson, G (1979) *Mind and Nature: A Necessary Unity,* Wildwood House.〔グレゴリー・ベイトソン（2006）『精神と自然——生きた世界の認識論』（改訂普及版）佐藤良明訳，思索社〕

Berger, Peter L. & Luckmann, Thomas（1966）*The Social Construction of Reality: A treatise in the Sociology of Knowledge,* New York〔ピーター・L. バーガー，トーマス・ルックマン（2003）『現実の社会的構成——知識社会学論考』山口節郎訳，新曜社〕

Boorstin, D. J.（1962）*The Image; or, What Happened to the American Dream,* Atheneum.〔D. J. ブーアスティン（1964）『幻影の時代——マスコミが製造する事実』星野郁美・後藤和彦訳，東京創元社〕

文化庁（1964）　第7期国語審議会「発音のゆれについて（部会報告）」, https://www.bunka.go.jp/kokugo_nihongo/sisaku/joho/joho/kakuki/07/tosin03/index.html（2021.4.29. 情報最終確認）

Cantril, H (1940) *The Invasion from Mars: A Study in the Psychology of Panic: with the complete script of the famous Orson Welles broadcast,* Princeton University Press.〔ハドリー・キャントリル (1971)『火星からの侵入——パニックの社会心理学』斉藤耕二・菊池章夫訳，川島書店〕

Dayan, D. & Katz, E. (1992) *Media events: the live broadcasting of history,* Harvard University Press.〔ダニエル・ダヤーン，エリユ・カッツ (1996)『メディア・イベント——歴史をつくるメディア・セレモニー』浅見克彦訳，青弓社〕

Deutscher, G (2010) *Through the Language Glass: why the world looks different in other languages,* London: Arrow.〔ガイ・ドイッチャー (2012)『言語が違えば、世界も違って見えるわけ』椋田直子訳，インターシフト〕

江川紹子 (2004)『大火砕流に消ゆ——雲仙普賢岳・報道陣20名の死が遺したもの』新風舎.

Festinger, L. (1950) "Information social communication," *Psychological Review,* 57 (5), pp.271-282.

藤竹　暁 (1996)「メディアイベントの展開とニュース概念の変化」『マス・コミュニケーション研究』No.48，pp.3-19.

藤竹　暁 (2004)『環境になったメディア——マスメディアは社会をどう変えているか』北樹出版.

福田　充 (2010)『リスク・コミュニケーションとメディア——社会調査論的アプローチ』北樹出版.

福岡伸一 (2009)『動的平衡——生命はなぜそこに宿るのか』木楽舎.

福岡伸一 (2011)『動的平衡2——生命は自由になれるのか』木楽舎.

古川岳志 (2009)「メディア・イベント」『メディア・情報・消費社会』（社会学ベーシックス 6）井上　俊・伊藤公雄編，世界思想社，pp.33-42.

Gergen, K. J. (1994a) *Toward transformation in social knowledge (2nd),* Sage Publication.〔K. J. ガーゲン (1998)『もう一つの社会心理学——社会行動学の転換に向けて』杉万俊夫・矢守克也・渥美公秀監訳，ナカニシヤ出版〕

Gergen, K. J. (1994b) *Realities and relationships: Soundings in social construction.* Harvard University Press.〔K. J. ガーゲン (2004)『社会構成主義の理論と実践——関係性が現実をつくる』永田素彦・深尾　誠訳，ナカニシヤ出版〕

Gergen, K. J. (1999) *An Invitation to social construction,* Sage Publication.〔ケネス・J. ガーゲン (2004)『あなたへの社会構成主義』東村知子訳，ナカニシヤ出版〕

Hall, S. (1980) Encoding/Decoding, in Hall et al.(eds.), *Culture, Media, Language Working Papers in Cultural Studies, 1972-79,* Routledge.

橋爪大三郎 (2009)『はじめての言語ゲーム』講談社.

日高敏隆（2003）『動物と人間の世界認識──イリュージョンなしに世界は見えない』筑摩書房．

平野啓一郎（2012）『ドーン』講談社．

池田謙一（1993）『社会のイメージの心理学──ぼくらのリアリティはどう形成されるか』（セレクション社会心理学 5）サイエンス社．

池田謙一（1997）『転変する政治のリアリティ──投票行動の認知社会心理学』（変動する日本人の選挙行動 4）木鐸社．

池田謙一（1999）「リアリティ」『心理学辞典』中島義明・安藤清志・子安増生・坂野雄二・繁枡算男・立花政夫・箱田裕司編，有斐閣，p.877.

今井むつみ（2010）『ことばと思考』岩波書店．

石黒　圭（2013）『日本語は「空気」が決める──社会言語学入門』光文社．

石川　信（2010）「大津波警報 その時住民は──チリ地震津波に関する緊急調査から」『放送研究と調査』 6 月号，NHK放送文化研究所，pp.80-89.

門部昌志（2009）「エンコーディング／デコーディング」『メディア・情報・消費社会』（社会学ベーシックス 6）井上　俊・伊藤公雄編，世界思想社，pp.147-156.

環境防災総合政策研究機構（2011）東北地方・太平洋沖地震，津波に関するアンケート調査速報，http://www.npo-cemi.com/works/image/2011touhoku/0507tsunamisurvey.pdf（2021.4.29. 情報最終確認）

警察庁（2011a）平成23年（2011年）東北地方太平洋沖地震の被害状況と警察措置広報資料　平成23年 9 月26日版，http://www.npa.go.jp/archive/keibi/biki/higaijokyo.pdf（2011.9.26. 情報最終確認）

警察庁（2011b）平成23年警察白書，https://www.npa.go.jp/hakusyo/h23/honbun/pdfindex.html（2021.4.29. 情報最終確認）

木村　敏（2001）「リアリティとアクチュアリティ」『木村敏著作集 7　臨床哲学論文集』弘文堂，pp.287-316.

近藤誠司（2011a）「メディア・イベント」『防災・減災の人間科学──いのちを支える、現場に寄り添う』（ワードマップ）矢守克也・渥美公秀編著，新曜社，pp.121-124.

近藤誠司（2011b）「災害報道のリアリティ」『防災・減災の人間科学──いのちを支える、現場に寄り添う』（ワードマップ）矢守克也・渥美公秀編著，新曜社，pp.86-90.

Lazarsfeld, P.F., Berelson, B. & Gaudet, H. (1944) *The People's choice: How the Voter Makes up his Mind in a Presidential Campaign,* Duell, Solan and Pearce.〔ポール・F. ラザースフェルドほか（1987）『ピープルズ・チョイス──アメリカ人と大統領選挙』有吉広吉監訳，芦書房〕

Lippmann, W. (1922) *Public Opinion,* Macmillan.〔リップマン, W.（1987）『世論（下）』

　　掛川トミ子訳，岩波書店〕

McLuhan, M.（1962）*The Gutenberg Galaxy: The Making of Typographic Man,* University of Toronto Press.〔マーシャル・マクルーハン（1968）『グーテンベルクの銀河系――活字的人間の形成』高儀　進訳，竹内書店〕

McQuail, D & Windahl, S（1981）*Communication Models; For the Study of Mass Communications,* Longman.〔D. マクウェール，S. ウィンダール（1986）『コミュニケーション・モデルズ――マス・コミ研究のために』山中正剛・黒田　勇訳，松籟社〕

美馬達哉（2012）『リスク化される身体――現代医学と統治のテクノロジー』青土社．

宮武実知子（2009）「世論形成の力学」『メディア・情報・消費社会』（社会学ベーシックス６）世界思想社，pp.75-84.

森　康俊（2009）「情報の流れと影響――パニック研究」『メディア・情報・消費社会』（社会学ベーシックス６）世界思想社，pp.97-106.

室﨑益輝（2008）「『減災の正四面体』と専門家」室﨑益輝ウェブサイト，http://www.murosaki.jp/extracts3.html（2021.4.29. 情報最終確認）

永井　均（1995）『ウィトゲンシュタイン入門』筑摩書房．

内閣府・消防庁・気象庁（2011）東北地方太平洋沖地震の津波警報及び津波情報に関わる面談調査結果（速報），https://www.data.jma.go.jp/svd/eqev/data/study-panel/tsunami_kaizen_benkyokai/benkyokai2/sankou_siryou1.pdf（2021.4.29. 情報最終確認）

Neumann, E. N.（1980）*DIE SCHWEIGESPIRALE: OEFFENTLICHE MEINUNG-UNSERE SOZIALE HAUT,* Piper.〔E. ノエル＝ノイマン（2013）『改訂復刻版　沈黙の螺旋理論――世論形成過程の社会心理学』池田謙一・安野智子訳，北大路書房．

日本災害情報学会（2004）特集２　フォーラム・シンポジウム「8.6豪雨災害から10年－鹿児島防災シンポジウム」『災害情報』No.2, p.42-49.

日本災害情報学会（2005）　日本災害情報学会創立５周年シンポジウム「今，災害時の情報を問う」『災害情報』No.3, pp.17-20.

西垣　通（1999）『こころの情報学』筑摩書房．

野村一夫（2002）ソキウス「社会学感覚11　マスコミュニケーション論」, https://www.socius.jp/?page_id=81（2021.4.29. 情報最終確認）

小田貞夫（2004）「災害とマス・メディア」『災害情報と社会心理』（シリーズ：情報環境と社会心理７）廣井　脩編著，北樹出版，pp.102-122.

岡田　弘（2008）『有珠山　火の山とともに』北海道新聞社．

岡田　弘・宇井忠英（1997）「噴火予知と防災・減災」『火山噴火と災害』宇井忠英編，東京大学出版会，pp.79-116.

奥村与志弘・矢守克也・近藤誠司（2010）「メディア・イベントとしての2010年チリ地震津波（3）──主たるリアリティ・ステイクホルダーの対応分析」日本災害情報学会第12回研究発表大会予稿集，pp.201-206.

大澤真幸（1995）『電子メディア論──身体のメディア的変容』新曜社.

大澤真幸（2008）『〈自由〉の条件』講談社.

大澤真幸（2012）『夢よりも深い覚醒へ──3.11後の哲学』岩波書店.

大澤真幸（2013）『生権力の思想──事件から読み解く現代社会の転換』筑摩書房.

Shannon, C. Elwood & Weaver, Warren（1949）*The Mathematical Theory Communication,* The University of Illinois Press.〔クロード・E . シャノン，ワレン・ウィーバー（2009）『通信の数学的理論』植松友彦訳，筑摩書房〕

高田明典（2012）『コミュニケーションを学ぶ』筑摩書房.

竹下俊郎（2008）『メディアの議題設定機能──マスコミ効果研究における理論と実証』増補版，学文社.

田崎篤郎・児島和人（2003）『マス・コミュニケーション　効果研究の展開』（改訂新版）北樹出版.

津金澤聰廣（2011）「メディア・イベント」『メディア用語基本事典』渡辺武達・山口功二・野原　仁編，世界思想社，pp.136-137.

内田　樹（2002）『寝ながら学べる構造主義』文藝春秋.

内田　樹（2008）『街場の教育論』ミシマ社.

Uexküll, Jakob（1950）*Das Allmächtige Leben,* Christian Wegner Verlag.〔ヤーコプ・フォン・ユクスキュル（2012）『生命の劇場』入江重吉・寺井俊正訳，講談社〕

Uexküll, Jakob（1970）*Streifzüge Durch Die Umwelten Von Tieren Und Menschen: ein Bilderbuch unsichtbarer Welten,* S,Fischer Verlag GmbH, Frankfurt〔ユクスキュル，クリサート（2005）『生物から見た世界』日高敏隆・羽田節子訳，岩波書店〕

牛山素行（2008）『豪雨の災害情報学』古今書院.

渡辺保史（2001）『情報デザイン入門──インターネット時代の表現術』平凡社.

矢守克也（2009）『防災人間科学』東京大学出版会.

矢守克也（2013）『巨大災害のリスク・コミュニケーション──災害情報の新しいかたち』ミネルヴァ書房.

吉見俊哉（1994）『メディア時代の文化社会学』新曜社.

吉村　昭（2004）『三陸海岸大津波』文藝春秋.

第Ⅱ部　災害報道の局面別の再検討

第4章

緊急報道の分析

本章では、本研究が新たに提起する理論フレーム、すなわち「メディア・イベントをめぐるリアリティの共同構築モデル」を適用して、東日本大震災時の「緊急報道」の課題をあらためて分析する。

本稿が執筆されている時期（2021年春）からみると、すでに震災から10年という年月が流れ、社会状況は大きく様変わりしつつあり、報道現場をとりまく状況にも変化の兆しが見られることは確かである。その点をふまえると、out-of-dateな知見を縷々披歴しているだけのように感じられるかもしれない。しかし、実際には、このような過去の出来事から教訓を汲み取る際に、タフな理論フレームを活用すればするほど、より明確に浮き立ってくる知見があることがわかるはずである。逆にいえば、たくさんの"居酒屋談義"を繰り返しても、あまたの散漫な検討会や報告会を重ねてみても、災害報道が抱える構造的な課題を軽減化することにはつながらないだろう。

あれだけの過酷な経験をしたのであるから、決して"のど元過ぎれば……"にしてはならない。こうした強い思いを胸に刻んで分析を進めよう。

1　メディア・イベントとしての東日本大震災

2万人近い死者・行方不明者（警察庁, 2011a）を出した東日本大震災では、死因の9割以上を「水死」が占めた（警察庁, 2011b）。この集計結果は、これまでに経験したことがないほど強く長い揺れに見舞われたにもかかわらず、大勢の人が適切に避難することができなかった可能性を示唆している。それでは、津波の襲来時、避難行動を促すための災害情報をめぐる状況は、一体、どのようなものであったのか。

　被災地では、地震発生直後から広範囲にわたって停電していたことが、政府の発表などによって示されている（たとえば、経済産業省, 2011）。しかし、そうしたなかであっても、何らかのメディアを通じて危機を知らせる「情報」を入手していた人が少なくなかったものと考えられる。被災者に直接、面接調査をおこなった複数の報告によれば、津波襲来の危機に直面した人々の多くは、何らかの情報を得ていたことが示唆されている。

　たとえば、環境防災総合政策研究機構が、震災から1カ月あまり後に、岩手県釜石市と宮城県名取市の避難所で聞き取り調査した結果によれば、「大津波の警報」を「聞いた」と回答した人は、89.2％にのぼっていた（環境防災総合政策研究機構, 2011）。また、内閣府・消防庁・気象庁が、避難所や仮設住宅で実施した共同調査の速報（2011）でも、被災地の沿岸住民の過半数は、「津波情報や避難の呼びかけ」を「見聞きした」と答えていた。「大津波の津波警報（原文ママ）」に限ってみれば、岩手県で87％、宮城県で79％が「見聞きした」という結果となっていた。

　情報を入手した手段に関しては、環境防災総合政策研究機構の調査では、「防災無線」（43.9％）が圧倒的に多く、以下、「ラジオ」（24.3％）、「消防車か役場の広報車」（16.8％）、「家族や近所の人」（13.1％）、「テレビ」（7.5％）、「携帯電話のワンセグ放送」（4.7％）などとなっていた。サーベイリサーチセンターの調査でも、ほぼ同様の順位や割合になっていた（サーベイリサーチセンター, 2011）[1]。

　このようにして、津波来襲時の災害情報をめぐる状況を概観してみると、それまでの災害で何度も問題視されたような、「情報あれど避難せず」（たとえば、近藤・矢守・奥村, 2011; 金井・片田, 2011）と酷似した事態が、被災地の各所で出現していた可能性を指摘することができる。迅速に届いたはずの情報が、渦中の人々にとっては切迫感を欠いたものであったことは、たとえば、次のエピソードにも象徴的に示されている。

　戸羽太・陸前高田市長（当時）は、地震直後に庁舎から屋外に出て、庁舎前の駐車場で職員たちと今後どうすればよいか話し合っていた。そこには、避難してきた住民たちも集まっていた。市長の回顧録によれば、「駐車場にいたおかげで、唯一生きていたカーラジオから情報を得ることができました。しかし、

この段階ではまだ、本当に大津波が来ると思っていた市民は少なかったと思います」(戸羽，2011: p.24) とのことであった。このあとすぐに大津波が庁舎を襲い、屋上に登ることができた人々以外は、難を逃れることができなかったという。

　ここで、分析の見通しを共有するために、あらかじめ短く結論をのべておこう。あのとき、現場には確かに「情報」はあった。しかし「本当に大津波が襲ってくる」という「リアリティ」が構築されていなかった。大津波警報という「情報」を熟知しているはずの自治体の首長さえ、「本当に大津波が来るとは……」と述懐するほどの希薄なリアリティしか持ち得なかったことを、われわれは念頭において、この過去の出来事を振り返る必要がある。

　さて、リアリティの共同構築のダイナミズムを検証する際には、本来、多様な「リアリティ・ステイクホルダー」の相互作用 (interaction) も含めて、「メディア・イベント」の構造をトータルに分析していく必要がある。ここにいう「メディア・イベント」とは――不謹慎な言葉に感じたとするならば、それは誤解であって――、前章で説明したとおり、メディアのプレゼンスが「前提に」なっている出来事の総体を指す。しかしながら、関連するすべての「リアリティ・ステイクホルダー」から網羅的にデータを集めた上で考察をおこなうことは極めて困難であるため、本研究では、ひとまず、「緊急報道」時のメディアのふるまいに焦点をしぼって検討することにした。

　分析対象としては、「ＮＨＫ総合テレビジョンの緊急報道」を選んだ。その理由は、下記のとおり、大きく4点、あげることができる。

　1つ目は、ＮＨＫは災害対策基本法・放送法上の「指定公共機関」であり、組織として災害報道を重要な使命として位置づけている点があげられる (近藤，2011)。他の多種多様なメディアによって発出された情報の存在価値を過小に評価することはもちろん避けなければならないが、現代日本社会の法制度上、ＮＨＫが特に大きな重要性を帯びたメディアである点を軽視することもできないと考える。

　2つ目は、被災地で「大規模停電」があったにもかかわらず、なお、ＮＨＫの放送が人々の行動に影響を与えていた事例が散見される点があげられる。たとえば、岩手県庁では、地震発生後も自家発電によってテレビが視聴できたの

で、広報担当者は「NHKテレビを見ながら、ツイッターで、県民に注意を促す情報を配信していた」と述べている（筆者らの聞き取り結果による）。同様に、宮城県庁内の災害対策本部でも、テレビモニターではNHKの放送を流していた。また、たとえば、宮城県山元町の中浜小学校のように、校長がテレビによって津波襲来までの猶予時間がないことを知り、適切な避難行動に結び付けたケースもあった（たとえば、伊藤，2011）。さらに、宮城県東松島町の大曲小学校では、ワンセグで津波の危機を知った住民が学校に知らせたことで、体育館から上層階に避難場所を替え、難を逃れることができたケースがあった（たとえば、テレビ朝日，2011）。これらの事例から影響の度合いを推し量ると、テレビで「直接」情報を取得した人が仮に1割に満たなかったとしても、その波及効果を過小に見積もることは妥当ではないと考える。

　3つ目は、上記に密接に関連する事項であるが、そもそも「停電」という事態は、デバイスの限界を招いた原因であって、メディアの限界を示したものではない点があげられる。たとえば現在では、蓄電池付きのテレビ受信機が店頭でも市販されており、停電後も数時間は視聴することができるデバイスが流通している。また、災害時は、放送波だけに頼るのではなくインターネット通信を使ってリアルタイムにコンテンツを伝えるサイマル放送も常套になってきた。こうした実社会における技術革新をふまえると、今後、災害時における放送メディア（NHKなど）の重要性がより高まる可能性を否定することはできないだろう。

　4つ目は、東日本大震災を経た日本社会において、現に、震災関連情報におけるNHKテレビの信頼度が相対的に高くなったという点があげられる。野村総合研究所が震災後に調査した結果（2011）によれば、他のメディアを大きく引き離して、最も「重視するメディア・情報源」となっていたのが、「テレビ放送（NHK）」であった。こうした傾向は、2020年から本格的に流行し始めた新型コロナウイルス感染症のパンデミック禍においても、同様に確認されている（近藤，2020）。

　これらのことをふまえれば、首都直下地震や南海トラフ巨大地震など、次の広域災害に備える上でも、NHK（テレビ）を重要な主体（「リアリティ・ステイクホルダー」に指定すべきアクター）のひとつであると位置づけて、その緊急

報道のありかたを検証することに、一定の意義を見出すことができるものと考えられる。

　東日本大震災において、ＮＨＫは、2011年3月11日に地震が発生した直後の午後2時46分50秒頃、国会中継の途中で「緊急地震速報」を出した（瓜, 2011）。その後、国会中継を中断して、緊急報道を開始した。ＮＨＫの放送基準では、震度6以上の地震が発生した場合や、津波警報・大津波警報が出た場合には、すべての放送を中断して緊急報道がおこなわれることになっている（冷水, 2010）。東日本大震災では、午後2時48分17秒に、テレビ・ラジオの全国8波（当時）の放送を緊急報道に切り替えた（瓜, 2011）。このとき、「全中・脱禁」と呼ばれる措置が取られた（筆者らの聞き取り結果による）。これは、すべての地方局が、原則として、東京発の全国向け放送をそのまま流さなければならない（全国に中継される放送を、脱することが禁じられる）体制が敷かれたことを意味する。ラジオでは、総合テレビジョンで放送している音声が、そのまま流される状態となった（筆者らの聞き取り結果による）。これを、「T-R（テレビ・ラジオ）スルー」という。

　以後3月18日まで、ＮＨＫは特別編成で災害報道を継続した（ＮＨＫ放送文化研究所メディア研究部番組研究グループ, 2011）。震災当日の視聴率は、他のどの民間放送よりも高く、関東エリアでは、当初は15〜20％台で推移していたものとみられる。

　ここでは、「緊急地震速報」が放送された時点から、90分ぶんのテレビの録画データを分析対象とする。音声と映像の両面から子細に分析するために、音声に関しては独自にトランスクリプト（書き起こしデータ）を作成した。また、映像に関しては画面にどんなことが映し出されていたか、10秒ごとにコーディング作業をおこなった。

　トランスクリプトとコーディング・データは、それぞれ30分ずつ、3つのフェーズに分けて分析することにした。第1フェーズ（地震発生時〜30分後）は、岩手県などの港に人命を奪うほどの大きな津波が襲来するまでの、おおよその時間帯に該当している。第2フェーズ（30分〜60分後）は、宮城県の名取川の河口付近などに人命を奪うほどの大きな津波が襲来するまでの、おおよその時間帯に該当している。そして第3フェーズ（60分〜90分後）は、さらに津

波の被害が拡大し、川の中流域に向かって遡上した津波の危険性が増していった時間帯にあたる。

「メディア・イベントとしてのリアリティの共同構築モデル」を念頭に、フェーズごとに、「内容分析」(Krippendorff, 1980＝1989; 有馬, 2007) をおこなった。放送（録画データ）を対象とした内容分析は、古閑 (2011) が指摘するとおり、膨大な時間と労力がかかる上に、熟練したコーダー（分析担当者）が必要となるという困難性を伴う。そのため、データの再現性に乏しくなるきらいがある。そこで本研究では、上述したような、なるべく単純化した手順（コーディング作業とフェーズ分け）に従い、分析をおこなうことにした。

また本研究では、緊急報道に関する内容分析に加え、震災当日、実際に放送業務に携わっていた報道従事者に聞き取り調査をおこなった。特に、テレビスタジオの中において、どのようなリアリティが形成されていたのかその実情を把握しておくため、主にアナウンサーを対象とした聞き取り調査をおこなった。

しかしながら、そのサンプル数はごく限られている。また、対象者の選定は、紹介者を介して了解が得られた人に個別に会うという方法を繰り返したので、偏りがある点にも留意しておかなければならない。あくまで、内容分析によって示唆された結果を傍証するための参考データとして位置づけておく必要がある。

2　東日本大震災の緊急報道のリアリティ分析

それでは、結果を見ていこう。なお、単なる"後出しジャンケン"の事後検証とならぬように、課題を抽出したその先に、何をどのように改善・改革していけばよいのか、節をあらためて述べることにする（第3節）。

（1）第1フェーズにおける映像内容の分析結果
第1フェーズにおいて、どのような映像が画面に映し出されていたのか、コーディング・データを分類・整理した結果が、**図4-1**である。

宮城県や岩手県からの中継映像が、全体の半分（50％）を占めており、その一方で、全体の27％、4分の1あまりを、東京の中継映像が占めていたこと

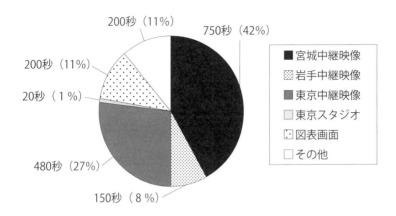

図4-1　最初の30分間の映像内容

がわかった。なかでも、「お台場のビル火災」の様子が画面に登場する頻度が
多く、複数のカメラアングルで撮影された映像によって、ビルから黒煙が立ち
のぼる様子が生々しく伝えられていた。

　それに比べて、宮城県の気仙沼港や岩手県の釜石港をリモートコントロール・
カメラで遠望した映像は、非常に静的であり、複数の聞き取り対象者が「引き
波を判別することが極めて困難なもの」であったことを悔やんでいた。

　また、地震発生直後の印象をたずねたところ、複数の聞き取り対象者が、「つ
いに、あの宮城県沖地震が起きてしまったのかと思った」と回答した。しかし
ながら、東京（渋谷にある放送センター）のスタジオもかなり激しく揺れたので、
「これは首都圏でも、相当ひどい被害が出ていることだろう」という印象も早
いうちに持っていたという。そのため、「東北地方に津波が迫っていることを
早く伝えなければ」という思いと、「東京の被害状況も伝えなければ」という
思いが競合することになった。そして、「スタジオの外にある副調整室にいた
メンバーの間では、津波の注意喚起をおこないながらも、東京の被害に関する
最新情報も意図的に挟み込んでいこうという方針が、次第に固まっていった」
という。

　証言が示しているとおり、確かに第1フェーズでは、首都圏エリアの情報と
して、「お台場の火災」以外にも、新橋駅周辺に集まった人々の様子を伝えたり、

都内の被害状況を警視庁内にいる記者が解説したり、断続的に続報が伝えられていた。このときNHKは、地震の揺れに戸惑いながらも、事態の全貌を冷静に俯瞰しようとする「外在者」として、「情報の送り手」の役割に専念しようとしていたことがうかがえる。

　次に、**図4-2**は、第1フェーズの映像内容の変遷を見るために、集計データを10分ごとの柱状図で表したものである。これを見ると、当初、宮城県の中継映像が最も優勢だった（dominant）ところに、地震発生から20分以降は岩手県の中継映像が加わってきたこと、しかしそれを上回る勢いで東京の中継映像が増えていったことがわかる。これは、東北地方の情報が集まりにくかったことに比べ、首都圏エリアの情報のほうが、東京のニュース・センターに集まりやすかった可能性を示唆している。

　東京のスタジオをベースに情報発信する形式から、はじめて東北地方の放送局にバトンが渡された（東北発・全国向け）のは、第1フェーズがほぼ終わりを迎えようとする、地震発生からおよそ27分後のことだった。最初に出番がまわってきたのは、仙台放送局であった。このときに、実際に仙台のアナウンサーが話した内容を書き起こしたデータの一部を、**図4-3**に示す。

　これを読み返すと、仙台放送局から東北地方の住民に向けて、直接、避難を呼びかけるのではなく、たとえば、「今も度々スタジオの中が揺れています」、「停

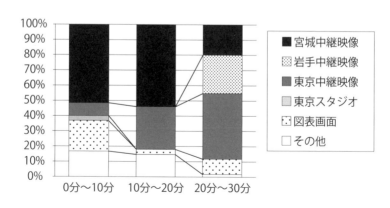

図4-2　10分間ごとの映像内容の推移

　ＮＨＫ仙台放送局のスタジオです。え、先ほどの、非常に大きな揺れを感じました。今もたびたびスタジオの中が揺れています。え、ご覧いただいているのは、現在の気仙沼の、じょこっ、状況です。え、気仙沼湾の状況です。え、停泊している、う、船が見えますが、え、たびたび、あの画面が揺れているのがわかると思います。今、ＮＨＫ仙台のスタジオでも大きな揺れを感じています。え、天井に吊り下げられている、あの、照明もですね、非常に大きな、あ、音をたてて揺れたりするときもあるんですが……、え、こちら変わって、石巻市の状況です（以下、略）

図4-3　東北地方から最初に発出された内容（書き起こしデータ）

泊している、う、船が見えます」などのように、あくまで東京に向けて現場の様子を報告する構えに徹していたことが推察される。

　ＮＨＫを含む日本のマスメディアは、情報が一度、東京に集積されてから地方に配信されるという、いわば「東京中心・垂直統合」の構造を持っている（宮台・飯田、2011）。聞き取り調査によれば、「全体状況に関する情報の集約や、視聴者に対する呼びかけは、東京のスタジオが一元的におこない、地方局は、東京のオペレーションに資する情報を「あげる（送り込む）」ことに徹する役割分担がある」という。たとえば、台風の襲来時の放送も、各地は中継リレーでつながれるものの、多くの場合、東京や拠点局に向けて報告――たとえば、現場からの“立ちリポ”などによって――するように割り振られている。従来から踏襲されてきた形式（フォーマット）のもとで、東日本大震災の緊急報道が構成されていたことが、聞き取り調査の結果から裏付けられた。

　仙台放送局も、東京のニュース・センターと同様に、事態の全貌を俯瞰的に把握しようとする「外在者」の立場で、純然たる「情報の送り手」――しかも、その主たる送り先は「東京」だったとみられる――の一翼を担っていたと概括することができよう。

（2）第1フェーズにおける呼びかけコメントの分析結果

　続いて、第1フェーズの音声情報の分析結果を見ていこう。着眼したのは、

「落ち着いて行動してください」、「家具の転倒に気を付けてください」など、具体的な行動を指示した内容の「呼びかけコメント」である。まず、最初の30分間でどのような呼びかけがあったか、分類・集計をおこなった（**図4-4**）。

　第1フェーズでは、地震の揺れに関する注意喚起が数多く見られるが（たとえば、「強い揺れに注意してください」、「身の安全を確保してください」など）、やはり、津波に対する早期警戒を呼びかける内容が最も多かった。「高台（高所）避難の呼びかけ」は、平均して2分に1回以上のペースでおこなわれていたことがわかった。

　次に、この「呼びかけコメント」の出現度数の変遷を、5分ごとの推移を表した折れ線グラフで見てみる（**図4-5**）。

　すると、当初は「呼びかけコメント」が頻繁に発せられていたのだが、地震発生から15分を過ぎると、その数は激減して、さらにその後は、呼びかけが全くおこなわれていない「呼びかけの空白」の時間帯があったことがわかった。詳細を見てみると、地震発生14分後から21分40秒後までの、合計7分40秒間が「呼びかけの空白」となっていた。

　この時間帯にどのような放送がおこなわれていたのか、録画データをもとに検証した結果、①「スキップバック・レコーダー」（地震発生の直前に遡って、

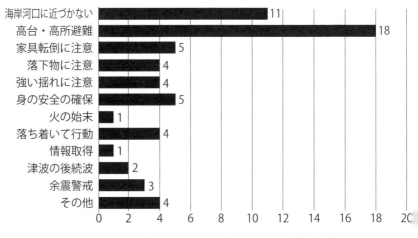

図4-4　呼びかけコメントの種類別の出現度数（回）

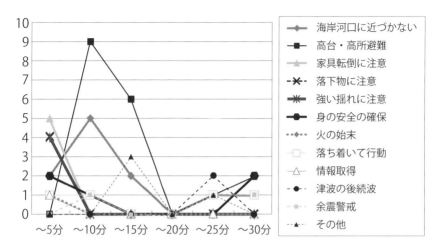

図4-5　呼びかけコメントの出現度数の時間推移（回）

地震発生の瞬間の映像を見ることができる、ＮＨＫが開発した映像記録装置）の映像紹介、②お台場の火災の様子を実況、③宮城県七ヶ浜町役場の総務課長に電話インタビュー、以上３つの項目であったことがわかった。

　①では、アナウンサーは、画面に映し出された録画映像の情景を描写することしかできていなかった。

　②では、火災の様子を実況していたため、津波避難の呼びかけを挿入することは、そもそも困難であったものと推察される。

　③は、確かに東北地方の沿岸部の自治体ではあるが、インタビューの内容が、周りの被害状況を尋ねるなどのやりとりに終始していたため、「まだ情報が入ってきていません」（書き起こしデータより）といった情報性の薄い、したがって、切迫したリアリティを高め合うことが難しいものとなっていた。

　もちろん、直截的な「呼びかけコメント」がなかったからといって、何ら注意喚起に結び付かなかったと断定するのは早計である。たとえば、「スキップバック・レコーダー」の映像を見れば、その揺れ方の激しさから、次に起きる危機的な事態を想起できた人がいたかもしれない。また、お台場の火災も、近隣の住民にとっては有用な情報であるし、ビル火災が起きるほどの災害であること

を視認して、事態の深刻さをイメージできた人もいたであろう。

　しかし、上述したように、テレビの音声は、ラジオにもそのまま流れていた[2]。つまり、カーラジオなどで音声だけを聞いていた人がいたことを考えると、第1フェーズの放送は、大津波の危機に対して強く注意を喚起する「訴求力」が、ごく限られたものになっていたのではないかと考えられる。前節に記した陸前高田市長の証言は、そのことを裏付けている。また、筆者らが聞き取り調査した結果によれば、報道従事者でさえ、「フェーズ1」の放送を視聴して受けた印象として、「いつもと変わらない津波中継が、またしても始まったのかなと思った」（東京や大阪のＮＨＫ職員の証言）といった回答があったことは、リアリティの構築過程を考察する上で、特に留意しておく必要があるものと考える。

（3）第2フェーズにおける映像内容の分析結果

　図4-6は、第2フェーズ、すなわち、地震発生30分後から60分後までの間に放送された映像内容をコーディングして、分類・整理したものである。

　宮城県と岩手県のみならず、福島県や千葉県の映像も、わずかであるが画面に登場している。4県の映像の量を合計すれば、全体の76％となる。すでに釜石港に大津波が来襲した事実が把握されている局面であることから、東北地方のプレゼンスが一気に増加し、逆に東京のプレゼンスが後退したのではない

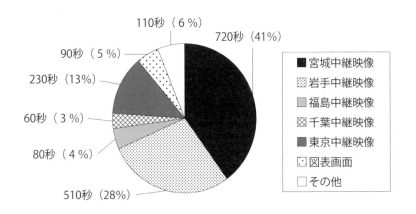

図4-6　地震発生 30 分後〜 60 分後の映像内容

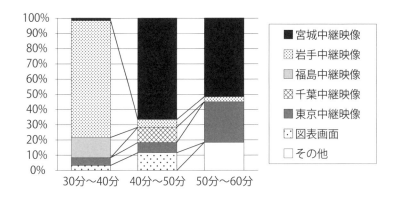

図4-7　10分間ごとの映像内容の推移（第２フェーズ）

かと考えられる。

　そこで、再び10分ごとの柱状図を作成して、映像構成の変遷を検証してみよう（**図4-7**）。

　地震発生30分後から40分後までは、岩手県、すなわち釜石港がメインステージとなっていた。全体に占める割合は、77％となっている。続く40分後から50分後では、宮城県が最も優勢（66％）となっていた。気仙沼港にある立体駐車場に、津波によって流されてきた桟橋が衝突するなどの様子が伝えられていた。

　上述した傾向をふまえると、50分後から60分後に関しては、大津波の到達地点が広がっていくのに合わせて、たとえば仙台湾奥などがメインステージとなり得た可能性を仮定してみることができる。しかしながら、録画データを検証してみると、確かに宮城県の映像が全体の半分以上を占めてはいたが、映像の量が顕著に増加したのは、東京の中継映像だった。この時間帯に伝えられていたのは、九段会館の天井崩落の事故現場をヘリコプターでとらえた中継映像だった。

（4）第２フェーズにおける呼びかけコメントの分析結果

　第１フェーズで検討したのと同様に、第２フェーズでも、「呼びかけコメント」

の分析をおこなった。

　出現度数の変遷を、5分ごとにグラフ化した（**図4-8**）。

　地震発生から30分を経過するその直前に、岩手県の釜石港に大津波が浸入した映像が映し出されたことから、報道従事者の間では一気に緊迫感が高まり、「ここで（感情の）スイッチが入った」との証言も得られた。ただし、スタジオで呼びかけをおこなっていたキャスターは、「それが本当に津波なのか、津波による浸水なのか確証がなくて、正直、戸惑っていた。間違ってはいけないので、まだこれが津波だと断定する言葉づかいを極力おこなわないようにしていた」と述懐している。

　「呼びかけコメント」の回数は、地震発生から30分過ぎ頃にはいったん、増加していた。その後は、やや回数は落ちるが、コンスタントに呼びかけが続けられていたことがわかった。

　次に、「呼びかけコメント」の内容別に、出現度数を見てみる（**図4-9**）。すると、呼びかけの内容は、「高台（高所）避難」と「身の安全確保」に収斂してきていたことがわかった。ただし、回数は少ないとはいえ、「その他」に該当する「呼びかけコメント」のバリエーションが、第2フェーズでは多岐にわ

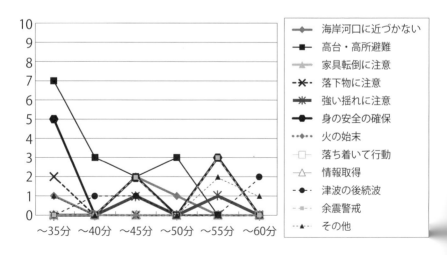

図4-8　呼びかけコメントの出現度数の時間推移

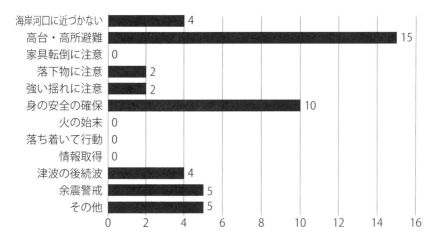

図4-9　呼びかけコメントの種類別の出現度数（回）

　たるようになっていた。具体的には、「がけ崩れに注意してください」や「道路の陥没にも注意してください」といった内容である。一般的・抽象的な文脈の中において、これらの「呼びかけコメント」を受け止めようとすると、実に様々な事柄に気を払わなければならず、かえって注意は散漫になっていく（津波避難という焦点がぼやけていく）可能性があったのではないかと推察することができる。こうした仮説を傍証するものとして、聞き取り調査においても、「どの情報も大事であることはよくわかるのだが、もっと津波避難に集中して、放送内容を組み立てたほうがよいのではないかと感じていた」と回答した人もいた。

　以上が、第2フェーズの分析結果である。東京の中継映像が増加した時間帯があったことや、注意喚起の種類が多岐にわたったことなどから、やはりNHKは、冷静沈着な「外在者」の立場にあって、事態の全貌をヌケ・モレ・ミスなく伝えようとする完璧な「情報の送り手」の役割を担い続けようとしていたと概括することができよう。

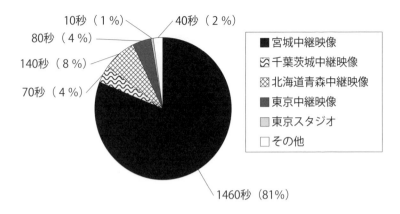

図4-10 地震発生60分後〜90分後の映像内容

（5）第3フェーズにおける映像内容の分析結果

第3フェーズに関しても、まず、映像内容をコーディングして、分類・整理をおこなった（**図4-10**）。

この時間帯になると、北海道、青森県、千葉県、茨木県のライブ映像が使用されるようになってきており、東京にあるニュース・センターでも、広域災害であることを十分意識して放送を構成していたことが推察される。

しかしながら、放送内容のバランスは、宮城県の中継映像が81%を占めており、その量は他をはるかに凌いでいた。これは、ヘリコプターがとらえた、宮城県名取川河口付近に津波が浸入して人家や田畑を巻き込んでいく映像が、この時間帯に放送され続けたことを示している。

こうしたなかで、第3フェーズの30分間においては、岩手県や福島県の映像は、東京から発信された放送の中からは見いだせなかった。

（6）第3フェーズにおける呼びかけコメントの分析結果

第3フェーズを象徴する、「名取川河口付近の津波襲来映像」は、地震発生からおよそ68分後に登場していた。それまでの8分間（60分後〜68分後）は、スタジオに記者が出演して、巨大地震発生のメカニズムを解説していた。その間に、アナウンサーが「呼びかけコメント」を発した回数は、わずか2回だった。

　録画データを見ると、「名取川河口付近の津波襲来映像」が伝えられ始めてからは、アナウンサーだけでなく、出演していた記者による呼びかけもおこなわれるようになっていた。続いて気象庁で会見が始まったことから、名取川河口付近の映像をメインに据えて、そこに気象庁の広報担当者による呼びかけの音声を重ねて放送するようにしていた。さらにその後、スタジオには大学教授が出演して、津波の威力や危険性を解説するのにあわせて、アナウンサーと共に津波避難の呼びかけをおこなっていた。

　津波避難に関する「呼びかけコメント」は、第1フェーズで合計31回、第2フェーズで23回あったのに対して、第3フェーズでは43回と最も多くなっていた。また、第3フェーズでは、他のフェーズに増して声のトーンが強くなっていた。呼びかけ方も、同じフレーズをただ繰り返すのではなく、強調する力点が明瞭なものとなっていた。たとえば、「高台がない場合には、大きなコンクリート造りの、なるべく上の階に逃げてください」、「警報が解除されるまで、絶対に戻らないでください」、「津波はパワーがあります。大変危険です」、「茨城県、千葉県方面でも、今後、津波が押し寄せる可能性が高いです」といったものである。

3　リアリティを高める糸口を探求する

　ＮＨＫを、「メディア・イベント」の重要な「リアリティ・ステイクホルダー」のひとつであると措定したうえで、東日本大震災時にテレビで放送された緊急報道の内容を子細に振り返ってきた。その結果、様々な「検討課題」があることがわかった。あらためて要点をまとめると、以下のとおりである。

〈映像内容に関して〉
・危難が迫っている東北地方の中継ライブ映像が、東京の映像と比べて少ない局面があった。
・被害が次に及ぶであろう地点を想起させる映像を使うなど、事態を"先読み"しながら放送を構成していくというよりも、すでに被害が発生した地点の目に見える衝撃を、入手し得た映像をたのみとして"後追い"で報告する傾向が顕

著であった。

〈呼びかけコメントに関して〉

・具体的な行動を呼びかけるコメントが、全くおこなわれていない「空白の時間帯」があった。

・東京から具体的な地域に向けて呼びかけること、地方局から具体的な地域に向けて呼びかけること、そのいずれもが徹底しておこなわれておらず、特に地震発生から最初の１時間は、一般的・抽象的な「呼びかけコメント」が断続的に繰り返される傾向があった。

　上記の項目は、いずれも、ＮＨＫテレビだけに該当する「検討課題」であるかのように見えるかもしれないが、民間放送局の当時の放送同録も確認してみると、大同小異、類似した傾向が見受けられた。そしてこの「検討課題」は、本書が提起した新たな理論フレーム、すなわち「メディア・イベントをめぐるリアリティの共同構築モデル」の視点からとらえ返すと、広域災害時における様々な主体（リアリティ・ステイクホルダー）のふるまいかたに、共通に示唆を与えてくれる内容であることがわかる。

　以下、３つのポイントにしぼって、詳述しよう。

（1）情報の「ローカリティ」の早期確保の必要性

　渥美（2011）は「ある出来事を共通の意味を有する現象として把握させる空間とそれが帯びる特性」を「ローカリティ」と定義づけている。

　一般的・抽象的な情報は、個別・具体的な情報よりも訴求力に欠ける場合がある。それが一体「だれのために」（for whom）発せられたのか、即座に判断できないからである。しかし、ひとたび情報の「ローカリティ」が確保されれば、「リアリティ・ステイクホルダー」による相互作用が活発化され、リアリティの共同構築が促進される道が開けてくる。このことは、Cantril（1940＝1971）の研究をふまえて、すでに矢守・近藤・奥村（2010）が、2010年チリ地震津波の災害報道を分析した結果、指摘したとおりである（さらに、近藤・矢守・奥村，2011）。

　しかしながら、東日本大震災におけるＮＨＫの緊急報道を分析した結果から

は、放送の枠組み自体が「東京中心」に組み立てられており、情報の「ローカリティ」は、決して豊かなものになっていなかった。危機が迫る中で、地方局は、避難すべき地元の住民（すなわち、当該「メディア・イベント」における最も重要な「リアリティ・ステイクホルダー」たち）に対して、直接呼びかけることなく、東京に対して、現場の情報を「あげる（報告する）」役割に専念していた。

　もちろん、「東京中心・垂直統合」（宮台・飯田, 2011）の構造が果たしてきた機能には大きな意義がある点、十分に考慮する必要がある。災害の全体像をいち早く把握し、被害が甚大な場所を洗い出すためには、東京が果たしているセンターとしての中枢機能は欠くことができない。また、気象庁を起点として、あらゆるメディアから一斉に情報を配信すること——ワン・リソース、マルチ・ユースの方略など——は、より多くの人に最低限の警戒情報を知らせる可能性を高めることにつながる。

　しかしながら、たとえば、近い将来起きると予想されている南海トラフ巨大地震のような広域災害をイメージした場合には、「東京中心・垂直統合」の構造が、かえって不利に働くことも十分に考えうる。九州・四国・関西・中部・関東などが同時に被災すれば、容易に中枢機能が麻痺する危険性も高まり、どの地点のどの危機を優先して伝えればよいか判断できない事態を招くおそれもある。逆に、センターに情報が集中しすぎて、オーバーフローしてしまう事態も容易に想像できるはずだ。そこで、従来のフォーマットを補完・補強するためにも、「ローカル発・ローカル向け」（もしくは、ブロック圏発・ブロック圏向け）のメディアに、適宜、主導権を渡すことができる地域自律型の仕組みも充実化させ、ローカリティ豊かな危機感を形成できるような「新たなフォーマット」も準備しておいたほうが、全体のリスクを低減することにつながるのではなかろうか。

　ここには、単にNHKという報道機関の「検討課題」ということに留まらず、放送メディア（もしくは、通信メディアも含めて）全体として、広域災害時に対芯する枠組みを再検討する際に、参照すべき示唆が多く含まれているものと考える。

（2）リアリティ・ステイクホルダーとしての役割認識の必要性

　放送における「ローカリティ」不足の問題は、多様な「リアリティ・ステイクホルダー」の存在に対する認識が、報道する側に不足していたことにも関連している。

　実際に、東日本大震災におけるNHKの緊急報道（地震発生90分後まで）の「呼びかけコメント」を検証すると、そこには、「避難する道中に人を見かけたら、津波の危機が迫っている旨、声かけしてください」といったような、「（多様な）他者に対する声かけ」を喚起する「呼びかけコメント」（呼びかけを求める呼びかけ）は、一度もなされていなかった。また、気象庁、大学教授、自治体担当者、記者以外の、たとえば、避難を終えた住民などの多様な声を流すこともできていなかった。

　危機が迫り来る地域にいる人たちは、皆、当該事象の「当事者」（つまり、リアリティ・ステイクホルダー）となっていると考えられる。当事者の中には、すでに危機を察知した人もいれば、まだ察知していない人もいる。特に前者（察知した人）の声は、気象庁などの機関から発信される情報よりも具体性を帯びている場合がある。たとえば、東日本大震災時には、テレビの画面を通じて判別することが困難だった異常な引き波を、偶然にも目撃していた人たちも多かった。「あの日、岩手県宮古市田老地区の住民が、『いま、海が異常に引いていますよ』と電話で知らせてくれたインタビューを、もっと強調して伝えていればよかった」と、後悔の念を語る民間放送局の記者もいた（筆者らの聞き取り調査による）。

　さらに、もっと「ローカリティ」を重視していれば、たとえば、「沖出し」を終えた漁師の声をなんらかの手段で短く伝えたり、あるいは高台に避難し終えた住民の声を短く伝えたりするなど、個別・具体的な地点ですでに対応行動を終えた人たちがいた事実を伝達しあうことによって、地域全体でリアリティを共同構築する道を開くことができた可能性も示唆される。

　また、上述したような、危機を察知していない当事者に対して「声かけするように求める呼びかけ」[3]は、報道機関も「リアリティ・ステイクホルダー」の一員であることを前提としていたならば、ごく自然におこなわれていたはずのメニューであったと言えよう（"呼びかけの呼びかけ"に関しては、**第8章**も参

照のこと）。

（3）災害情報をめぐる基本フォーマットからの逸脱の可能性

　ここまで、重要な「リアリティ・ステイクホルダー」であるＮＨＫの緊急報道の検証結果から示唆される「検討課題」を考察してきた。ここでは、さらに一歩ふみこんで、もう１点、災害情報をめぐる一般的な考察をおこなっておこう。

　2010 年チリ地震津波災害の調査から、金井・片田（2011: p.111）は、「いざというときの"秘密兵器"となる社会マネジメント策」が必要であるとして、次のようなアイデアを提起していた。それは、テレビで津波の危機をアナウンサーが伝えている最中に、「視聴者のみなさん、家でテレビなど見ていないで、早く避難してください」と敢えて宣言してしまうというものであった。金井らは、その意義を、「今が緊急事態であるという雰囲気をつくりだすことで避難行動を誘発する」ことにあると説明していた。本研究では、この点を、より広く、災害情報をめぐる社会状況全般の問題解決策に通じる「リアリティを高め合う糸口」ととらえて、以下に、あらためて検討を加える。

　例にあげた、アナウンサーがテレビ視聴そのものを放棄するよう視聴者に促すことは、緊急報道の基本フォーマットを明らかに逸脱するものである。この「逸脱」は、テレビ（たとえば、ＮＨＫなど）が、純然たる「情報の送り手」という立場を超えて、当該事象の「真の当事者」（すなわち、真の「リアリティ・ステイクホルダー」）の一員に変容したことを視聴者に印象づける「メタ・メッセージ」（Bateson, 1972＝2000; 野村, 2008; 矢守, 2009a; 野村, 2010 [4]; 矢守, 2011a）として機能するのではないかと考える。換言すれば、テレビが、全貌を冷静に見届けようとする「外在者」ではなく、事態の「内在者」に変容したこと、そのふるまいを視聴者が見聞きすることこそが、情報内容の精緻化や迅速化といった従来のアプローチとは異なる次元で、有効な避難行動を誘発する起爆剤となるような、新たな可能性を見出すことができるものと考えられる。これは、従来の基本フォーマットでは、決して許されないことであった。事実、東日本大震災の緊急報道においてさえも、そのような（メタ）メッセージが放送されることはなかった。

　しかしながら、あえて立場を超えて、「リアリティ・ステイクホルダー」の真の一員になること（あるいは、なったことを視聴者に示すこと）は、リアリティを共同構築する上で、これまでとは異なる種類の訴求方法を考える道を切り開くことにつながるはずである。たとえば、先の例に照らしていえば、「テレビなど見ていないで、早く避難してください。避難した先で落ち着いてから、ラジオなどで新しい情報を得るようにしてください」といった呼びかけを発想することができる。

　しかも、このような「基本フォーマットからの逸脱」と、逸脱することによって真の当事者になることの効用もまた、テレビ（たとえば、ＮＨＫなど）にのみ固有の問題ではなく、災害情報をめぐる他の問題にも、密接に関連している。

　たとえば、海岸近くの行政庁舎に残り、防災無線で避難喚起のアナウンスを続けた行政職員らのケースでは、今後はその立場をふみこえて、「行政職員はすでに避難しました。この呼びかけは、自動音声でおこなっています」とする「逸脱」を準備しておくことも考えうる。また、たとえば、津波来襲まで広報車等で避難誘導をおこなった消防団員のケースでは、今後はその立場をふみこえて、「消防団は、順番に、海際から離れる方向に向かって巡回しています。この地点には二度と戻ってきません。いますぐ、一緒に避難を開始してください」と、その役割を半ば「逸脱」して危難にのぞむ道も考えうる。

　東日本大震災のような事態においては、「情報を発信する側」も、事態の外在者としての立場を超えて、避難する当事者であることを"身を持って"知らせることによってはじめて、真の「リアリティ・ステイクホルダー」になりえるのではないか。ここにおいてようやく、避難行動におけるリアリティを、「たぶん自分は大丈夫だろう」といった、いわゆる「正常化の偏見」（中森，2002；福田・関谷，2005; 片田・児玉・桑沢・越村，2005; 矢守，2009b; 矢守，2011b）が支配する様相から、大きく転換させることができるのではないかと考える。

　実際、キャントリルが研究したラジオドラマのケースが、すでにこのことを裏付けていた。このラジオドラマの中では、キーマンとなる専門家が被害現場の調査中に行方不明になったり、「何の権威ある説明もみなさんに申し上げられません」と発言したり、随所でフォーマットを破っていたことが、かえってより多くの人びとの避難行動を誘発していた（Cantril，1940＝1971 pp.19-24）。

　もちろん、こうした方策には、無用の混乱を招く危険もあるのではないかといった、疑義を差し挟む余地があろう。しかし、首都直下地震や南海トラフ巨大地震、さらには、そもそも「想定されていない巨大災害」が起きた事態に備えて、危機を切り抜けるための"秘密兵器"（金井・片田, 2011）を考えておくとするならば、相当程度「破格」なものも含めて、幅広く議論の俎上に載せていく必要があるものと思われる。この「逸脱」という選択肢を含めた対応策を事前に検討するプロセス自体が、「リスク・コミュニケーション」の絶好の機会となることは、あらためて指摘するまでもないだろう。「検討課題」は、社会の構成員、みんなにとっての課題なのだから。

〈補注〉

1）　サーベイリサーチセンターの調査では、「防災無線の屋外拡声器」（47.8％）、「民放ラジオ」と「NHKラジオ」（合計21.0％）、「市町村の広報車」（13.8％）、「家族や近所の人から」（9.1％）、「民放テレビ」と「NHKテレビ」（8.7％）となっていた。

2）　「全中・脱禁」の措置は、本研究にいう「第1フェーズ」の途中、15時07分の段階で解除されていたという証言もある。しかし、態勢が整うまでは、テレビの音声がラジオでそのまま流される状態が続いていた。

3）　誤解のないように補足しておくと、無論、声かけするために、敢えて回り道せよということまで推奨しているわけではない。たとえば、次のような呼びかけをイメージしている。「すぐに避難してください。道中、人を見かけたら声をかけてください。ただし、歩みを緩めてはいけません。一緒に、少しでも高い場所を目指してください」。なお、東日本大震災やその後の台風・豪雨災害を契機として、NHKでは――筆者も協力するかたちで――視聴者の「共助」の力を喚起する工夫が検討され、"呼びかけの呼びかけ"をおこなうことが常套となった。この点、本書第8章の取り組みも参照されたい。

4）　野村（2010）は、「メッセージ・ギブン」（message given）に対する概念として、自分ではコントロールできない、自然にこぼれ落ちてしまう意図せざるメッセージのことを、「メッセージ・ギブン・オフ」（message given-off）と呼んでいる。本書の文脈に引き寄せてみるならば、前者がメッセージ、後者がメタ・メッセージにあたるものとみなすことができるだろう。

〈参考文献〉

有馬明恵（2007）『内容分析の方法』ナカニシヤ出版.

渥美公秀（2011）「ローカリティとインターローカリティ」『防災・減災の人間科学——いのちを支える、現場に寄り添う』（ワードマップ）矢守克也・渥美公秀編著，新曜社，pp.12-17.

Bateson. G.（1972）*Steps to an Ecology of mind: Collected Essays in Anthropology, Psychiatry, Evolution, and Epistemology,* Chandler Publishing Company.〔G. ベイトソン（2000），『精神の生態学』（改訂第２版）佐藤良明訳，新思索社〕

Cantril, H（1940）*The Invasion from Mars: A Study in the Psychology of Panic: with the complete script of the famous Orson Welles broadcast,* Princeton University Press.〔H. キャントリル（1971）『火星からの侵入——パニックの社会心理学』斉藤耕二・菊池章夫訳，川島書店〕

福田　充・関谷直也（2005）「平成16年台風23号豪雨災害，新潟・福島集中豪雨における住民意識と避難行動」日本社会心理学会第46回大会発表論文集，pp.752-753.

伊藤俊介（2011）「宮城県山元町　学校再開の現状ヒアリング・視察報告」, http://news-sv.aij.or.jp/keikaku/shinsai_data/ito110914upload/110720_yamamoto-cho (school)_report.pdf（2012.2.7. 情報最終確認）

金井昌信・片田敏孝（2011）「津波襲来時の住民避難を誘発する社会対応の検討——2010年チリ地震津波の避難実態から」『災害情報』Vol.9, pp.103-113.

環境防災総合政策研究機構（2011）東北地方・太平洋沖地震、津波に関するアンケート調査分析速報　2011年５月７日, http://www.npo-cemi.com/works/image/2011touhoku/110609tsunamisurvey.pdf（2011.7.30. 情報最終確認）

片田敏孝・児玉　真・桑沢敬行・越村俊一（2005）「住民の避難行動にみる津波防災の現状と課題——2003年宮城県沖の地震・気仙沼市民意識調査から」土木学会論文集Ⅱ部門，2005巻789号，pp.93-104.

警察庁（2011a）「平成23年（2011年）東北地方太平洋沖地震の被害状況と警察措置 広報資料」平成23年９月26日版, http://www.npa.go.jp/archive/keibi/biki/higaijokyo. pdf（2011.9.26. 情報最終確認）

警察庁（2011b）平成23年警察白書（要約版）, http://www.npa.go.jp/hakusyo/h23/youyakuban/youyakubann.pdf（2011.9.4. 情報最終確認）

経済産業省（2011）「平成23年３月11日　原子力安全・保安院　地震被害情報（第３報）（３月11日17時15分現在）, http://www.meti.go.jp/press/20110311019/20110311019. pdf（2011.8.27. 情報最終確認）

古閑忠通（2011）「見ている番組が『みえてくる』——『番組内容分析』の取り組み」『

送研究と調査』2011年 4 月号，pp.98-99.

近藤誠司（2011）「実践事例 1．平常時の災害報道，第 6 章　地域防災力の向上　3　災
　　害情報とメディア」『災害対策全書 4 （防災・減災）』公益財団法人ひょうご震災記念
　　21世紀研究機構災害対策全書編集企画委員会編，ぎょうせい，pp.202-205.

近藤誠司・矢守克也・奥村与志弘（2011）「メディア・イベントとしての2010年チリ地震
　　津波──ＮＨＫテレビの災害報道を題材にした一考察」『災害情報』No.9，pp.60-71.

Krippendorff, K.（1980）*Content Analysis: An In Introduction to Its Methodology*,
　　Sage Publication.〔クラウス・クリッペンドルフ（1989）『メッセージ分析の技法──
　　「内容分析」への招待』三上俊治・椎野信雄・橋元良明訳，勁草書房〕

宮台真司・飯田哲也（2011）『原発社会からの離脱──自然エネルギーと共同体自治に向
　　けて』講談社.

内閣府・消防庁・気象庁（2011）「東北地方太平洋沖地震の津波警報及び津波情報に関わ
　　る面談調査結果（速報）」，http://www.jma.go.jp/jma/press/1108/08a/besshi3.pdf
　　（2011.8.31. 情報最終確認）

中森広道（2002）「正常化の偏見」『防災事典』日本自然災害学会監修，築地書館，p.210.

ＮＨＫ放送文化研究所メディア研究部番組研究グループ（2011）「東日本大震災発生時・
　　テレビは何を伝えたか」『放送研究と調査』2011年 5 月号，pp.2-7.

野村直樹（2008）『やさしいベイトソン──コミュニケーション理論を学ぼう！』金剛出版.

野村直樹（2010）『ナラティヴ・時間・コミュニケーション』遠見書房.

野村総合研究所（2011）「震災に伴うメディア接触動向に関する調査」，http://www.nri.
　　co.jp/news/2011/110329.html（2011.8.1. 情報最終確認）

冷水仁彦（2010）テレビは“命”を救えるか　～ＮＨＫ災害報道～，早稲田大学寄附講
　　座・テレビに未来はあるか，2010.7.10. http://www.nep-kifukoza.com/zenki13.
　　php（2012.2.7. 情報最終確認）

サーベイリサーチセンター（2011）宮城県沿岸部における被災地アンケート調査報告報告
　　書，平成23年 5 月発表.

テレビ朝日（2011）「そうだったのか！学べるニュース　池上彰が復興について被災地の
　　小学校で特別授業」2011年 7 月 6 日放送.

戸羽　太（2011）『被災地の本当の話をしよう──陸前高田市長が綴るあの日とこれから』
　　ワニブックス.

瓜　知生（2011）「3 月11日、東日本大震災の緊急報道はどのように見られたのか」『放
　　送研究と調査』2011年 7 月号，pp.1-14.

矢守克也（2009a）「災害情報のダブル・バインド」『災害情報』No.7，pp.28-33.

矢守克也（2009b）『防災人間科学』東京大学出版会.

矢守克也（2011a)「ダブル・バインド」『防災・減災の人間科学——いのちを支える、現場に寄り添う』（ワードマップ）矢守克也・渥美公秀編著，新曜社，pp.72-76.

矢守克也（2011b)「正常化の偏見」『防災・減災の人間科学——いのちを支える、現場に寄り添う』（ワードマップ）矢守克也・渥美公秀編著，新曜社，pp.66-71.

矢守克也・近藤誠司・奥村与志弘（2010)「メディア・イベントとしての2010年チリ地震津波（1）——リアリティ構築をめぐる構造のあらたな分析フレーム」日本災害情報学会第12回研究発表大会予稿集，pp.189-194.

第5章

復興報道の分析

　本章では、本研究が新たに提起する理論フレーム、すなわち「メディア・イベントをめぐるリアリティの共同構築モデル」を適用して、中国四川大地震（2008年）の「復興報道」の課題をあらためて分析する。

　この災害は、前章で扱った東日本大震災（2011年）よりもさらに古く、そして他国で起きた事例であることから、"対岸の火事"のように感じる人も多いだろう。しかし、実は、時間と空間が離れているからこそ、冷静に見極めることができるアドバンテージがある。中国の国土面積は日本の約25倍、人口は約10倍である。中国と日本には、社会的・文化的な違いがあることには、もちろん十分留意しなければならない。しかし、地震災害の被災地であるという文脈において、心理的距離を物理的距離によって過大に見積もることは有益ではない。また、被害の大きさから見ても、これまでの日本の災害報道では微細で可視化できていなかった現象が、あたかも拡大鏡を通して見たかのように顕現することも考えられる。確かな理論フレームをもってまなざせば、"他山の石"として、より多くの教訓を汲み取ることができるであろう。

1　メディア・イベントとしての四川大地震

　2008年5月12日14時28分（現地時間）、中国の四川省でマグニチュード8.0（中国地震局発表）の巨大地震が発生した。チベット高原と四川盆地の境界をなす龍門山断層帯が引き起こした直下型の地震だった。震源は汶川県で（林, 2008）、災害名としてもこの地名を冠して「512汶川地震」と呼ぶことが多い。震災から4カ月あまり経った2008年9月25日現在で、死者69,227人、行方不明者17,923人という数値が発表されていた。のちに、被災者は、4500万人

写真5-1　震源に近い汶川県映秀鎮

写真5-2　校舎が崩れた学校（都江堰）

を超えていることなどが報告されている（**写真5-1、写真5-2**）。

　中国四川省にとっては1976年の松藩地震以来の大きな被害をもたらした地震であったが、北京や日本などのメディアは、同じ1976年、24万人を越える死者を出した河北省の唐山地震以来の大惨事としてその衝撃を伝えた。

　今回の地震は、これまで中国共産党の「喉と舌」（単なる宣伝機関）と見なされてきた中国メディアをも大きく揺るがした。改革開放経済の大きなうねりの中で、いわゆる「断奶（ミルク断ち）政策」によって財政支援が断たれていた中国メディア（渡辺, 2008）にとって、報道の真価が問われる一大事件となった。テレビでは、中国全土に緊急生中継で災害現場の生々しい映像が長時間放送された。こうした反射的な報道の嵐は、中国メディア史上初めてのことであったものと考えられる。先にふれた唐山地震の際に極端な報道規制が敷かれたこと（銭, 1988）にくらべれば、その違いには隔世の感がある。

　渡辺（2008）によれば、中国のネット人口は1日20万人のペースで増え続けており、四川大地震が起きる直前の2008年2月末時点で2億2100人と、アメリカを抜いてトップの座に躍り出ている。中国の検索サイト「新浪」では、読者が携帯電話やデジタルカメラで撮影した被災地の写真や動画を公開する「拍客」コーナーが特設された（山谷, 2008）。「土豆網」という投稿サイトにアップされた被災地の動画はユーチューブに転載されて世界中の注目を集めた（渡辺, 2008）。被災地で救援活動をおこなった成都市民の証言によれば、昼間は車のラジオで情報を入手して、夜間は自宅のインターネットで情報を検索した

り交換したりしていたという。また、爆発的に普及している携帯電話には、ショートメール機能によって二次災害に関する情報などが一斉に配信されていた。

　このようなメディア状況の中で、緊急報道ならびに復興報道が地続きに展開されていった。人々がメディアを介して手にした情報をもとに被災のリアリティを逐次更新していったことをふまえると、もちろん、日本に匹敵するような災害報道の体制構築や事前訓練などがなかったにせよ、メディア・イベントとしての要素が色濃く現れていたと言っても過言ではあるまい。テレビやネットでは、「抗震救災・衆志成城」（地震に対抗して災難から人民を救おう、皆の志を集めれば城を築くことさえできる）というスローガンが多用されていた（**写真5-3**）。きわめて象徴的だったシーンをひとつあげるならば、震災から1週間後におこなわれた追悼キャンペーンがあげられる。2008年5月19日からの3日間、中国のテレビメディアは「哀悼の3日間」として一切の娯楽放送を自粛した（**写真5-4**）。もちろん、人民が「心ひとつ」（万衆一心）になって被災地に思いを馳せるよう促すためである。地震が起きた時刻14時28分になると、町ではおよそ1分間、車のクラクションや爆竹の音が鳴り響き、黙禱する人々の姿が見られた。しかし被災地がこうした追悼ムードに覆われるなかで反作用もあった。最近ではカラー刷りが常識となっていた新聞がすべてモノクロになった様子を見て、「ここまでやる必要があるのか」と思わず声をあげた年配の男性もいた。山谷（2008）によれば、著名な検索サイトもすべてモノクロになり、広告のバナーも削除されていたという。オンラインゲームもすべてできなくなった。

写真5-3　地震に向き合うスローガン　　　**写真5-4　娯楽番組の休止案内**

　こうした状況をふまえて、本研究では、四川大地震に関する現地の災害報道を当事者である被災者がどのように受け止めているか、その認識のありかた（位置づけ方）を調べることにした。縦断的・横断的に被災地に足を運び、被災者にインタビュー調査を実施した。地震発生から間もない時期の調査であり、かつ、被災地という非日常的な空間であることも考慮すると、永江（2002）のいう「いきいきとしたクオリア」が感受され、その場その時のリアリティの構築（桜井，2002）の可能性が開けているインタビューという手法は、最も有効な調査アプローチであると考えた。

　また、調査活動自体も被災者に対するひとつの働きかけである以上、できる限り"寄り添う"姿勢が確保されなければならない。この点も特に留意した。たとえば通訳に関しては、四川省在住で心理学の素養がある年配の人に依頼した。年齢を考慮したのは、1976年の松藩地震を経験していて、被災者の心情を思いやる素地がある可能性が高いと考えたからである。

　インタビュー調査と並行して、新聞・雑誌等の公刊物の収集とTV報道の内容分析、現地や日本の研究者からの情報収集もおこなった（たとえば、矢守・渥美・鈴木・近藤・淳于，2008; 近藤，2009; 近藤・矢守・渥美・鈴木，2009; 近藤，2010）。

　結果として、災害発生4日後（2008年5月16日）からの現地取材を皮切りに、合計10回にわたる現地調査をおこなうことができた。これらの成果をもとに、復興報道における「カネ」、「時間」、「ヒト」にまつわる「数値のリアリティ」のダイナミズムの中から、被災地でネガティブな反応、いわゆる「社会的な逆機能」（social dysfunction）が感取されたケースを抽出して考察していく。

2　四川大地震の復興報道のリアリティ分析

　それでは、結果を見ていこう。なお、この章でも単なる"後出しジャンケン"の事後検証とならぬように、課題を抽出したその先に、何をどのように改善・改革していけばよいのか、節をあらためて述べることになる（第3節）。

（1）「カネ」という数値：寄付金の額をめぐるリアリティ

　カネの数値の多寡は、それが暮らしに直結するものであればあるほど、被災者にとって切実さを増す。四川大地震でも、政府から支出される生活支援金の額などに関しては、メディアを通して迅速・的確な情報提供がおこなわれていた。

　これとは次元を異にするものとして、中国でひときわ報道が過熱したのが、寄付金の額に関するものである。地震発生1週間を経ずして、寄付を募るチャリティ活動が街頭やネット上で大々的におこなわれはじめた（**写真5-5**）。このムーブメントをテレビや新聞が報道することによって、イベントはさらに巨大なものになっていった。実際に、寄付金の額が多い——1000万元、日本円にして当時では1億5000万円相当——企業家などを「英雄」として讃える催しが、衛星放送を通じて中国全土に放送されるなどした（**写真5-6**）。新聞でも寄付金の「金額ランキング」なるものが紙面を飾った。

　こうしたなかで、寄付金が100万元にも満たない企業は、"鉄公鶏"（羽1枚落とさない鉄製の鶏＝"ケチ"）と名指しで非難されるようになった（富坂, 2008; 渡辺, 2008）。経済的な格差に対する従来からの不満もあって、儲かっているとみなされた外資系企業や国有企業が主な標的となり、経営者個人の年収などがネットで勝手に公開され（これを"人肉検索"という＝プライバシーを暴くこと）、もっと寄付金を出すようにと強要される事件も起きた[1]。富める者を攻撃して仇を討つ、いわゆる"仇富"と呼ばれる社会現象のうねりとなって

写真5-5　チャリティ会場の様子

写真5-6　多額の寄付を賞賛する番組

あちこちで騒動を引き起こし、この動きに関する情報がまたニュースとなって中国全土を駆け巡った。

　成都市内でインタビュー調査した結果からは、寄付金が集まっていることに関して、共産党の指導部や中国人民に感謝する声が大多数を占めていたが、なかには「これまで四川省は虐げられてきたので、豊かな沿海部のカネを我々がもらうのは当たり前だ」（30代男性）とする声や、「各企業がこぞって寄付金の多さをアピールしているのは、明らかに売名行為だ」（50代男性）とする声もあった。

　震災から1年以上経って被災地を訪れた際にも、まだわずかながらも寄付金に関するニュースが報道されていた。しかしこの頃、人々の話題にのぼるのは、誰もが驚くほど巨額の私財をなげうって寄付をした“超大英雄”など、センセーショナルなものに限られていたようである。端的に「このたぐいのニュースに飽きた」（40代男性）という声もあり、また、「被災地は地震のおかげで十分に潤ったはずなので、被災地の苦境を伝える必要性は薄い」（50代男性）といった声もあった。

　こうした「メディア・イベント」の一断面を概観してみると、まずはもちろん、莫大な「カネ」を被災地に集める機能や、当該事象に世の関心を引き付けておく機能など、ポジティブな面は十分にあったと言えるだろう。しかしながら、この種の「数値」をめぐるリアリティのダイナミズムには、多分にネガティブな面も含まれていたことを等閑視するわけにはいくまい。持てる者と持たざる者（もしくは、失った者と失わなかった者）を厳然と「数値」で峻別し、その立場の違いを可視化し、固定化、さらには拡大化する傾向すらあることを予感させた。この観点から数値のリアリティが果たした機能を捉え直せば、非被災者が被災者と思いを分かち合おうとする契機にはなりえなかったのではないかと考えられる。

（2）「時間」の数値：被災者に一方的に提示される期限のリアリティ

　中国政府は、被災自治体を非被災自治体が1対1の関係で支援する枠組み、すなわち「対口支援」を導入した。すでに、「西部大開発」などの政策をめぐって、沿海部から内陸部に対して実施されていた枠組みであり、たとえば「漢詔

教師派遣」などの事業フレームを援用したものと考えられる。

　豊かな地域から、資源の乏しい被災地に「ヒト」、「モノ」、「カネ」、「情報」が一気に流入してくることから、メリット／デメリットの双方が混在して垣間見られ、この枠組み自体の評価は中国本土でもなかなか定まっていないようであった。

　ここでは、この枠組みにおける「時間」、すなわち「期限」にまつわる数値のリアリティを見ておきたい。当初、「対口支援」による復興事業の完了は、「3年」という年限が定められていた。仮設住宅の建設を皮切りに、主要道路を敷設したり、学校や病院を建て直したりする作業が急ピッチで進められることになった（**写真5-7**）。そして、町を丸ごと新たに開発する事業を決定した場所、たとえば町の再建を断念して集団移転した北川県城（徳陽市黄土鎮に新設移転、この地をあらたに北川県として吸収することにした）などでも、同じ「期限」に向かって都市開発がおこなわれることになった（**写真5-8**）。

　工事が着手された箇所の進捗を見てみると、その猛烈なスピードに圧倒される。確かに、復興が早ければ早いほど被災住民が早く元気を取り戻すことができるといった素朴な期待を抱くこともできないではない。少なくとも、明確な期限、すなわち「3年で復興事業に勝利する」（工事現場のスローガンより）といった具体的な「目標」が示されていることから、「被災住民は生活再建の見通しを立てやすいはずだ」と考えることは十分に可能である。

　しかし、インタビュー調査によって採取された住民の声は多様であった。こ

写真5-7　仮設住宅の建設現場

写真5-8　北川県の開発現場

写真5-9　観光復興を目指す棚花村

写真5-10　伝統の壁画（同じく棚花村）

こでも、まずは共産党指導部に対する感謝の念などが口々に唱えられた。その
あとで、たとえば住宅再建の補助政策として定められた無利子融資制度が3年
で終了することに関して話を聞くと、将来の借金返済の見通しを示すことがで
きる人ばかりではないことは、すぐに明らかとなった。

　「観光復興」を掲げて「統一再建」（伝統的な町並みのデザイン等を統一するこ
とを前提に、政府の上乗せ補助を得て再建をおこなうこと）を実施した複数の村（**写
真5-9、写真5-10**）において調査した結果からは、震災1年目は「あとは村に
通じる道さえよくなれば観光客が増えると思う」といった期待の声が数多くあ
げられていたが、その半年後には「道はよくなったけれども客が増えないのは、
まだPRが足りないからなのだろうか」といった声にトーンダウンし、そして
震災2年をこえると「わたしには将来のことはよくわからない（わたしにどう
しろというんだ）」といった苛立ちや諦めが出始めていることがわかった。

　地元TVメディアでは、復興政策の検証番組（"負面報道"ともいう）が継続
的に放送されている。しかし、中央政府の大方針として定められた「期限」に
関して、被災住民の生活実感に照らして納得できるものであるかどうかを根本
的に問うような内容は見当たらないと聞いた。

　震災2年を前にして、中央政府は主要な事業を「2年」で終了させるという、
「期限」の前倒しを発表した。この動きに付随した報道内容としては、復興政
策が順調に進んでいることを示す成功譚（これらは"正面報道"ともいう）が特
に目につく[2]。困難を乗り越えトンネルが開通した、最新モデルの学校建築か

完工した、といったたぐいである。被災住民にとっては、本来ならば「3年」待たされていたはずのところを一気に短縮できたわけだから、その反応は喜びに満ちたものばかりになっていてしかるべきである。しかし、筆者らのインタビュー調査で採取された声の中には、冷ややかな反応のものもあった。たとえば、「急ぎ過ぎではないか」（都江堰市、50代男性）といった声である。補償の不足などに対して抗議する農民たちのデモが各地で起きるようになっていることを見ても、まだメディアには表出されていない「懸念」や「不満」が、あちこちに燻っていることを示唆しているのではないかと感じられた。

　迫り来る事業完了「期限」の数値のリアリティは、もはや、古典的な常套句になってしまったきらいはあるが、下記のフレーズによって集約されるとも聞いた（成都市、50代男性）。すなわち、「上有政策、下有対策」である。字義のとおり、「上には上の思惑（政策）があるのだろうが、下には下で対抗していく手段（対策）がある」という意味である（意訳に関して、たとえば、田島, 2001）。結局、将来は自分の手で切り開くしかないという達観した「見通し」であった。

（3）「ヒト」の数値：死者のカウントアップのリアリティ

　四川大地震の死者・行方不明者数は、公式には87,464人、被災者は45,976,596人となっている（CRED/EM-DAT, 2008）。広大な被災地では、山岳地帯などの険しい土地も多く、斜面崩壊によって埋もれてしまった人々も少なくない。遺体を回収できなかったケースや、遺体の損壊が激しくて身元が確認できなかったケースも多々あったであろう。しかしそうしたなかでも、死者・行方不明者の数は、当初から下1桁まで確定した「数値」（実数）として当局から発表されていた。混乱の中でも高い精度を求めたのは、被災者一人ひとりの尊厳を重視する姿勢を公的に示すためであったと推察される。ところが、この「数値」の受け止め方をめぐっては、当の被災地でも早くから様々な声があがっていた。

　インタビュー調査によって採取したデータのなかで、被災住民がネガティブな反応を示したものとして顕著だったのは、「これは政府による辻褄あわせではないか」（成都市、40代男性）といった声である。政府の幹部を念頭におき、「そ

んなことに知恵をしぼるよりも、もっと他にやるべきことがあるだろう」（同じ男性）といった批判にもつながっていた。

知られているとおり、当時の中国では人口抑制策の導入によって、たとえば男子を跡継ぎにしたいばかりに、意図的に女子を戸籍に入れないようなケースが後を絶たなかった（中国情報研究機構，2010）。いわゆる「黒孩子」、「黒戸口」の存在である（上海文化協力機構，2008）[3]。こうした「暗数」がある以上、もともと被災地にどれだけの住民が暮らしていたのか、その「母数」を正確に把握することはできないはずである。仮に、遺体の数を1体ずつ確実に集計できたとしても、「行方不明者」の数は確定できないことになる。中央政府は、地方政府の報告を積み上げた結果、人的被害の「数値」を確定させていたと推察される。では、各郷鎮政府のレベルでは、どうやって死者・行方不明者の「実数」を把握することができたのであろうか。

このあたりの疑義に関して十分に説明がなされていないことから、政府が発表する「数値」に対する信頼性が削がれたネガティブなリアリティが構築されたのではないかと考えられる。震災から2年経っても、憶測が憶測を呼ぶような話題（うわさ）は消えていなかった。いわく、死者・行方不明者の数は、各郷鎮政府レベルが「震災後の補助や支援を中央政府から引き出すために水増しした可能性がある」といったものである。震災が起きる前に社会で醸成されてきたコンテキストによって、数値のリアリティのネガティブなイメージが強固に定着していったものと考えられる。

3　リアリティを重ねる糸口を探求する

以上、被災地で感取された「数値」をめぐるリアリティに関して、3つのアングルから駆け足で概観してきた。これらは、広域で多様な被災地の中にあって、小さな断面を垣間見たものに過ぎない。筆者らのわずかながらの調査をもとにして、知見を一般化・敷衍化することには謙抑的であるべきである。しかし、原理的に考えてみれば、被災地が広域であるからこそ、「中心」と「周辺」のギャップが生まれやすくなり、被災の様相が多様であるからこそ、リアリティは一様にはなりえないことが容易に理解されるだろう。ここからは、将来の災

害に対応するために避けては通れない重要な論点を抽出することができそうである。以下に要点を示しておく。

　まず、この「数値」という情報は、災害報道という「メディア・イベント」を形作るうえで、どのケースにおいても付随して現出（頻出）する傾向があることをおさえておきたい。そしてそれは、被災者の置かれた立場を確かに表象するものでありながらも、被災者自身は操作することが困難なものばかりであった。

　被災者にとってみれば、どこからともなく到来した一群の「数値」は、「客観的なデータ」といった中立的な装いを身にまといながらも、その実、時代や社会のコンテキストに依存して、ポジティブにもネガティブにもイメージを変容させる「鵺（ぬえ）」のようなものなのであった。

　この種の問題は、中国だけに該当するというものでは決してなくて、日本においても十分にあてはまる問題であることはすぐに思いつくだろう。生活支援金の多寡や都市計画決定の時期などをめぐって、社会に投げ出された「数値」が被災者を苦しめた事例は、過去にも数多く見出されている。被災者からは実感の伴わない多額の復興資金、カウントアップされればされるほど特個のイメージが薄まる死者の数……。そしておそらく、新型コロナウイルス感染症という巨大で未知なるリスクと向き合っている執筆時（2021年春）の日本社会においては、この数値のリアリティをめぐる問題は、より痛切に感じられるはずである。たとえば、「コロナ感染者数」として毎日カウントされ、報道されてもいる数値は、その内実は「感染判明者数（PCR検査陽性者数）」に過ぎない。検査数が少なければ増えようのない数値である。「重症者」という数値も、何を重症とするかの定義や判定基準が揺らいで、実数に意味を見出しにくい局面があった。「病床数」さえも増えたり減ったりして、実質的には単なるベッド数に過ぎず対応可能数ではなかったり、恣意的に操作されているかのごとくである。

　再び自然災害の領域に引き寄せて言えば、たとえば、防災や復興の「目標」を「数値」で示すことを是として、数千の犠牲者が出る被害想定において「死者半減」といったうたい文句を、何の慮りもなく連呼しているケースもある。阪神・淡路大震災の被災地においてすら、「死者」の数は下1桁まで表記する一方で、いまだ遺体が見つかっていない「行方不明者」の数（すくなくとも3

人いるとされる）をオミットして報道しているケースが後を絶たない。さらにいえば、「震災障害者」のように十分に「数えられなかった」ことで存在が可視化されてこなかった例もある。被災者一人ひとりの特個の尊厳を守り抜くには、今一度、数値のリアリティに対する真摯なまなざしを持ち直すことが求められている。災害報道において、メディアは、平素の報道以上に、数値のリアリティに敏感であらねばなるまい。それは一体、だれのため、なんのための数値なのか。

　なお、付記しておけば、前章で見た「緊急報道」においては、一度に大量の数値が発出されることによって、「復興報道」の局面に見た問題が圧縮されたかたちで吹き出してしまう事態が予想される。たとえば、津波避難のためのごく限られた猶予時間に、われわれには、地震の規模を示すマグニチュードや各地の震度情報、津波到達予想時刻、予想高さ、さらには避難の対象エリアの世帯数など、どれがどこまで自分にとって重要なのか判別しがたい数値がまるで津波のように押し寄せ、結局、どれも有効に生かせていないという問題があった。「いまこそ避難」というリアリティを共同で構築するためには、数値情報の効果的な使い方が──場合によっては、従来のフォーマットを崩して〝使わない〟というやりかたさえも──求められている。

　繰り返しになるが、念押しのためにいまいちど明記しておくと、数値という科学に裏打ちされた客観的とされる情報であっても、リアリティの観点からとらえかえせばすぐにわかるとおり、社会の中において決してニュートラルな存在として「ただ在る」というわけにはいかない点を自覚しておかなければならない。リアリティ・ステイクホルダー同士が、その数値の背後にある意味のまとまり（リアリティ）をどのように認識し合えているのか（もしくは、認識できていないのか）、常にモニターしながら実践にあたらなければなるまい。

〈補注〉

1)　政冷経熱の社会状況のなかにあって、日系企業も標的にされたという。たとえば、イトーヨーカ堂の三枝（2008）のレポートなどが詳しい。

2)　中国の政治局常務委員会は、人民解放軍が被災者を成功裏に救出するようなポジティブなシーンを中心に放送するよう指示を出した（日本放送協会, 2008）。これによっ

て、中国メディアは救援活動で活躍した人々のドキュメントを大々的に報じるように
なる。それは一様に感動の物語として構成された「英雄伝」であった。そのメッセー
ジは「万衆一心」、つまり「心ひとつ」にこの惨状に立ち向かおうという極めてシン
プルなものであった。

3）　中国の人口抑制策は、2011年に緩和されている。1979年に始めた「一人っ子政策」は、
いびつになった人口構成を是正するため、両親とも一人っ子ならば第 2 子の出産を
認めるなどの緩和策が全国で適用されている（たとえば、日本経済新聞、2011）。そ
の後、本稿執筆中の2021年 5 月31日、夫婦 1 組につき 3 人まで子供をもうけること
を認める方針を発表した（BBC，2021）。

〈参考文献〉

BBC NEWS JAPAN（2021）「中国、夫婦 1 組につき子供 3 人まで容認へ　少子高齢対策で」
（2021年 6 月 1 日），https://www.bbc.com/japanese/57278331（2021.7.19. 情報最
終確認）

中国情報研究機構（2009）『最新図解　中国情報地図』孔健監修，河出書房新社，pp.112-
113.

CRED/EM-DAT（2008）国際災害データベース，http://www.emdat.be/（2021.4.21.
情報最終確認）

近藤誠司（2009）「被災者に“寄り添った”災害報道に関する一考察——5.12中国文汶川
大地震の事例を通して」『自然災害科学』Vol.28，No.2，pp.137-149.

近藤誠司・矢守克也（2010）「コンテキストに依存した災害イメージの形成に関する一考
察——日本の「新書」に表象された中国5.12汶川大地震」第29回日本自然災害学会学
術講演会.

近藤誠司・矢守克也・渥美公秀・鈴木　勇（2009）「中国・汶川大地震における「互助」
の諸相」第28回日本自然災害学会学術講演会，pp.185-186.

永江　朗（2002）『インタビュー術！』講談社.

日本放送協会（2008）「ＮＨＫスペシャル　中国・四川大地震——最前線からの報告」，
2008年 5 月24日放送.

日本経済新聞（2011）「中国、人口抑制策を緩和　労働人口減に危機感　両親一人っ子な
ら第 2 子容認」（2011年12月29日）

銭　鋼（1988）『唐山大地震——今世紀最大の震災』蘇錦・林佐平訳，朝日新聞社.

林　愛明（2008）「2008年中国四川大地震の地震断層」『なゐふる』日本地震学会，
No.69，pp.2-3.

三枝富博（2008）「現地報告　イトーヨーカ堂『中国でかく闘えり』PART 1　成都市

民のライフラインを守り抜くために」『DECIDE』2008年7月号，サバイバル出版，pp.16-23，2008.

桜井　厚（2002）『インタビューの社会学——ライフストーリーの聞き方』せりか書房.

上海文化協力機構（2008）『中国の「なぜ？」に答える本』三笠書房，pp.66-67.

田島英一（2001）『「中国人」という生き方——ことばにみる日中文化比較』集英社，p.106.

富坂　聰（2008）『ルポ中国「欲望大国」』小学館，pp.241-243.

渡辺浩平（2008）『変わる中国　変わるメディア』講談社，pp.218-219.

山谷剛史（2008）『新しい中国人　ネットで団結する若者たち』ソフトバンク.

矢守克也・渥美公秀・鈴木　勇・近藤誠司・淳于思岸（2008）「中国・四川大地震に対する社会的反応（第1報）」第27回日本自然災害学会学術講演会講演概要集，pp.187-188.

第6章
予防報道の分析

　本章では、本研究が新たに提起する理論フレーム、すなわち「メディア・イベントをめぐるリアリティの共同構築モデル」を適用して、「予防報道」の分析を試みる。

　報道機関の平素の取り組みをセルフチェックする道すじを模索することも照準に入れて、できる限り簡便な手法で内容分析をおこなうことにした。従来どおりのフォーマットによる報道を通して、どのような（意図せざる）メッセージ、すなわち、本書の文脈に引き寄せていえば、「リアリティ」が、平素から日本社会のなかで共有されやすい特徴があるのかを浮き彫りにする。

　こうしたアプローチによって得られた知見を今後オープンに議論していけば、「メディア・イベントとしてのリアリティの共同構築」を賦活化する糸口になるものと考える。

1　メディア・イベントの構成員に着目する

　「メディア・イベントをめぐるリアリティの共同構築モデル」では、すでに**第Ⅱ部**で詳述したとおり、住民、行政、専門家、メディアの４者が、それぞれ「リアリティ・ステイクホルダー」としてインタラクションしていくことをひとつの理想としていた。

　この関係性の含意を強調しておくために、ここではまず、代表的な"失敗事例"を参照しておこう。それは、イタリアで2009年4月6日に起きたラクイラ地震のケースである。以下の記述は、纐纈・大木（2015）の論考を参照している。

　この震災の顛末をごく簡単に示すと、およそ次のようである。発災の日を迎

えるまでに継続していた群発地震のリスクをどう見るかについて、行政（市民保護庁）が「大災害委員会」（諮問委員会という位置づけ）を設置し、招聘した科学者の意見を集約して、マスメディアを通して「大きな地震につながる心配はない」と公表した結果、念のため屋外避難していた人々が自宅に戻り、未明の本震で命を落としてしまった。その後、大災害委員会に出席していた関係者たちは遺族から猛烈な批難を浴び、刑事訴追されて、一審では有罪になった（二審で結審しており、最終的に科学者たちは逆転無罪となった）。

　当該事案の被告人のひとりとなった政府オブザーバーのデ・ベルナルディニス市民保護庁副長官は、震災直前に開かれた大災害委員会の散会後、地元テレビ局TV Unoのインタビューを受けていて、「（地震）エネルギーの継続的な放出により良好な事態にあると科学コミュニティが私に認めている」と発言し、「では（自宅に戻って）おいしいワインを飲んでいましょう」という記者の問いかけに対して、「まったくそのとおり」などと答えていたことが裁判の過程で明るみになった。

　こうした経緯をふまえて、纐纈・大木（2015）は、「科学者」の社会的なコミットメントのありかたについて考察しているのだが、本研究において注視したいのは、イタリアでは刑事的にも民事的にも責任追及されなかった「メディア」の災害報道のありかた、その問題点である。群発地震の継続が"良好な事態"だとする非科学的な説明を鵜呑みにして、他の科学者に確認するダブルチェック、俗に言う"裏とり"の作業もせずにプライムタイムのニュースで情報を垂れ流したことは、**第3章**で紹介した日本の火山学者の岡田らのスタンスとは相容れないものがある（岡田・宇井，1997）。すなわち、防災・減災の分野において、科学的な知見をより安全サイドに寄せて慎重に活用していくためには、メディア自身もリスク・コミュニケーションのプレイヤーである点を看過してはならないはずだ[1]。

　ただしもちろん、矢守（2013）がすでに指摘しているとおり、科学者やメディアが常に先導・主導すればそれで事足りるというわけでもない点は、注意が必要である。パターナリスティック（父権主義的）な関わりに偏れば、「情報待ち」、「専門家依存」という別様の逆機能が生じてしまうからである。したがって、正確を期するために今一度リフレインしておくと、やはり、「住民」の主

体的な参画を促すことは必要不可欠である。「住民」こそが防災・減災の取り組みの"主役（級）"となるような関係性を構築していくことが要請される。本研究ではこのような問題意識をもって、平素、日本では災害報道番組がどのように放送されているのかを読み解いていく。

　フォーカスするのは、「予防報道」というメディア・イベントの主たる構成員、すなわち、リアリティ・ステイクホルダーたちのプレゼンス——「表象」(representation) のされかた——である。著名な番組シリーズ、「ＮＨＫスペシャル」と「クローズアップ現代＋」をサンプルにして、次節で内容分析を試みてみよう。

2　防災番組の登場人物分析

（1）「ＮＨＫスペシャル」の内容分析

　「ＮＨＫスペシャル」は、1989年（平成元年）の春以来、日本全国に向けて（近年は全世界に向けて）放送されている大型番組シリーズである。1995年以降は、阪神・淡路大震災のメモリアル・デー（1月17日）に、毎年、防災や復興に関連したテーマで番組を企画・制作してきた。このうち、東日本大震災が起きるまでの10年間に放送され、かつ、「予防報道」を企図したものと判別できる番組（n＝6本、総時間数17,340秒）を分析対象とする（**表6-1**）。

　分析の手法は、きわめてシンプルな手順を採用している。まず、番組の登場人物のカテゴリー（住民・行政・メディア・専門家）ごとの「登場時間数」を集

表6-1　分析対象リスト：「ＮＨＫスペシャル」の阪神・淡路大震災シリーズ

No.	震災からの経過年数	放送年月日	タイトル	SIZE（秒）
1	8年	2003年1月17日	減災　～阪神大震災の教訓はいま～	2,700
2	9年	2004年1月17日	地域防災力が命を救う　阪神・淡路大震災の教訓	2,940
3	11年	2006年1月17日	活断層列島　リスクが足元に迫っている	2,580
4	12年	2007年1月17日	情報テクノロジーは命を救えるか　～阪神・淡路大震災の教訓～	3,240
5	13年	2008年1月17日	命のセーフティーネットは築けるか　～生かされない震災の教訓～	2,940
6	16年	2011年1月17日	防災力クライシス　そのとき被災者を誰が救うのか	2,940

計し、そこから（1）「登場支配率」と（2）「発話支配率」を算出している。前者は、番組時間数（単位は秒）を分母として、各カテゴリーに該当する人物が画面に映し出されている登場総時間数を除したものである。また後者は、登場人物が画面上で発話している時間数を、登場人物全員の発話総時間数で除したものである。

　測定単位とする秒数は、調査の再現性を高めるために、パーソナル・コンピュータの汎用ソフト（Windows Media Player）のタイムカウンターで判別できる精度までとして、1秒未満はすべて切り上げている。

　結果は、以下のとおりである（**表6-2、表6-3、表6-4**）。

　全般的な傾向としては、登場支配率においても発話支配率においてもプレゼ

表6-2　「NHKスペシャル」における登場支配率（%）

	メディア	専門家	行政	住民
1	18.8	7.8	7.6	3.6
2	10.3	11.2	3.4	18.4
3	14.0	18.6	6.0	8.0
4	11.8	17.0	6.9	4.7
5	15.4	9.6	8.5	9.1
6	18.9	0.0	26.1	4.2
平均	14.9	10.7	9.8	8.0

表6-3　「NHKスペシャル」における発話支配率（%）

	メディア	専門家	行政	住民
1	55.2	22.9	16.3	5.6
2	29.3	32.7	9.5	28.5
3	34.0	43.4	10.6	12.0
4	32.6	44.7	17.2	5.5
5	45.4	26.8	15.6	12.3
6	62.0	0.0	31.8	6.2
平均	43.1	28.4	16.8	11.7

表6-4　登場支配率と発話支配率の順位

	メディア		専門家		行政		住民	
	登場	発話	登場	発話	登場	発話	登場	発話
1	1	1	2	2	3	3	4	4
2	3	2	2	1	4	4	1	3
3	2	2	1	1	4	4	3	3
4	2	2	1	1	3	3	4	4
5	1	1	2	2	4	3	3	4
6	2	1	4	4	1	2	3	3

ンスが高かったのは「メディア」や「専門家」であり、プレゼンスが低かったのは「住民」であった。「行政」は「住民」よりも高いプレゼンスを示すことが多い傾向にあったが、しかし「メディア」や「専門家」を差し置いてトップになっているケースは、登場支配率においては1回しかなかった。そしてこのときの発話支配率は2位であった。

　「メディア」のカテゴリーは、全般的に登場支配率が高かった。6本中2本で登場支配率が1位、3本が2位となっていた。これは、番組の進行をアナウンサーが担っていたことが強く影響している。「メディア」の発話支配率が高いSample No.6の場合、番組進行を男性アナウンサー、データ紹介を女性アナウンサーが担っていた。またSample No.1の場合には、番組進行を男性アナウンサー、データ解説を女性記者が担っていた。

　「メディア」に次いで登場支配率が高い傾向があったのは、「専門家」のカテゴリーであった。番組進行のアナウンサーの質問に答えるかたちで、スタジオで詳しく解説をおこなっていたことが影響している。登場支配率では2本、発話支配率では3本の番組で1位を占めていた。

　「行政」のカテゴリーは、平均値でみると、登場支配率も発話支配率も順位は3位であった。Sample No.6においてのみ登場支配率が1位になっていた。これは、当該番組が地域防災力の縮減傾向をテーマとし、自治体職員を主人公に据えてVTRをドキュメンタリータッチで構成していたからであると推察される。しかし、Sample No.6では登場支配率が1位であるにもかかわらず発話支配率は2位であり、そのプレゼンスは「メディア」の半分程度しかなかっ

た。これは、自治体職員は画面に映ってはいるが、あまり発話していなかったことを示している。なんらかのメッセージを発信する役割は、結局、おもに「メディア」（キャスターやナレーション等）が担っていたものと考えられる。

　「住民」のカテゴリーは、平均値でみると、登場支配率も発話支配率もいずれも最下位であった。登場支配率では3本、「行政」よりも順位が上だった。しかしこれを発話支配率でみると2本となっていた。Sample No.2においてのみ登場支配率が1位になっていたが、これは当該番組が、地域住民の自助や共助の取り組みにフォーカスした内容であったためであると考えられる。ただし、Sample No.2の発話支配率の順位は、「専門家」、「メディア」に次ぐ3位であった。ここでも、なんらかのメッセージを発信する役割は、「住民」以外のカテゴリー、すなわち、「専門家」や「メディア」であったものと考えられる。

　このようにして、災害報道番組の代表的なサンプルを量的に分析する限りにおいては、「住民」のプレゼンスが低い傾向があることが見出された。

（2）「クローズアップ現代＋」の内容分析

　続いて、「クローズアップ現代＋」の傾向を見ていこう。この番組シリーズは、ＮＨＫが長年放送し続けている硬派の報道番組である点においては、「ＮＨＫスペシャル」とジャンルが似通っているものと考えられる。①25分サイズとコンパクトでウィークデーに放送されていること、②多くの報道従事者や行政職員が参照していること、そしてさらに、③アメリカや中国においても類似のフォーマット（スタジオとVTRの構成、ゲスト解説の配置の仕方など）の報道番組があるという特徴がある。

　分析したのは、2017年3月9日から2018年11月27日に放送された11本である。対象リストを、**表6-5**に示す。

　前節で確かめた「ＮＨＫスペシャル」の登場人物分析では、発話支配率に顕著なカテゴリー差が現れていたので、「クローズアップ現代＋」のサンプル11本に関しては、カテゴリー別の発話支配率にしぼって分析結果をみておこう（**図6-1**）。

　「メディア」系（語り、司会、記者）のカテゴリーの発話支配率は、どの回も半分程度を占めていた。

表6-5　分析対象リスト：災害系の「クローズアップ現代＋」

No.	放送年月日	タイトル
1	2017年 3 月 9 日	震災6年　汐凪を捜して　〜津波と原発事故　ある被災者の6年〜
2	2017年 4 月13日	熊本地震　知られざる "情報爆発"　〜追跡 SNS 2600万件〜
3	2017年 5 月17日	原発周辺の町　あふれる野生動物　〜避難指示解除で何が〜
4	2017年 7 月 6 日	"異常な" 豪雨が街を襲う　〜緊急報告　九州北部　記録的豪雨〜
5	2017年 9 月12日	多発する "記録的大雨"　新たなリスク
6	2018年 3 月 8 日	大震災をつづった子どもたち　それぞれの7年
7	2018年 6 月20日	"都市直下地震"　露わになったリスク　〜大阪　震度6弱で何が〜
8	2018年 7 月 9 日	緊急報告　記録的大雨　〜被害はなぜ広範囲に及んだのか〜
9	2018年 7 月31日	西日本豪雨に逆走台風　異常気象新時代　〜何が生死を分けたのか〜
10	2018年 9 月10日	暴風高潮　恐怖の瞬間　〜台風から身を守るには〜
11	2018年11月27日	復旧できない…　災害多発時代　あの被災地は今

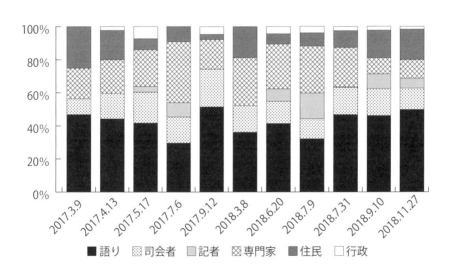

図6-1　「クローズアップ現代＋」の発話支配率比較（%）

　「専門家」の平均発話支配率は、22％であった。被災当事者を中心に描いた放送回があるため、ときに1割程度になっている放送回も含まれていた。しかし、「住民」カテゴリーの平均が13％、「行政」カテゴリーの平均がわずか3％であって、圧倒的に「専門家」のプレゼンスが高い傾向があることがわかる。

　なお、非災害系の「クローズアップ現代＋」を10本ほどランダムセレクトして確かめたところ、「住民」カテゴリーの平均が21％、「行政」カテゴリーの平均が11％であったのに対して、「専門家」カテゴリーは12％で、「専門家」だけが突出することはなかった。したがって、災害系の放送回において特に「専門家」のプレゼンスが高まりやすい傾向があるのかもしれない。

　前節で紹介した「ＮＨＫスペシャル」の平均発話支配率は、「メディア」カテゴリーが最大の値を示していて、平均43.1％であった。その他のカテゴリーは、割合が大きい順に、「専門家」カテゴリーが平均28.4％、「行政」カテゴリーが平均16.8％、「住民」カテゴリーが平均11.7％であった。災害系の「クローズアップ現代＋」は、「専門家」カテゴリーのプレゼンスが大きいという点が共通しているようである。一方で、「行政」と「住民」の順位には入れ違いが起きていた。災害系の「クローズアップ現代＋」は、特に「行政」カテゴリーのプレゼンスが小さくなっていることがわかった。

　ここで、さらに特徴をあぶりだすために、大阪北部地震の発生後3日目にオンエアされた2018年6月20日の「クローズアップ現代＋」、「"都市直下地震"露わになったリスク〜大阪 震度6弱で何が〜」を詳しくみておこう。まず、**図6-2**に、この放送回単独の「発話支配率」を示す。

　この放送回では、「専門家」が次々と登場して発話を繰り返していて、発話

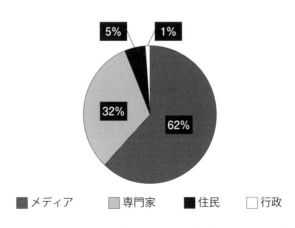

図6-2　大阪北部地震の「クローズアップ現代＋」の発話支配率

支配率は実に32%を占めていた。たとえば、地震時の交通障害や電車の運行トラブルに関しては、公共交通を研究している大学教授が解説をし、地震を引き起こした活断層の所在とメカニズムに関しては、地震学を研究している大学教授が解説をしていた。また、ブロック塀の倒壊被害に関しては、「ブロック塀被害」調査をおこなった経験のある専門家が登場して対策を提言していた。さらにスタジオゲストには、「都市災害研究の第一人者・専門家」というスーパーインポーズで紹介された大学教授が出演し、被害拡大の要因と今後の対策の要点を説明していた。

　発災から3日目の夜の時点で、これだけ多角的な視点で震災の課題を描き、解説・検証をおこなっている「迅速さ」には目を見張るものがある。ただしこの番組のなかでは、被災者の自宅から被害状況を伝えるためにリポーターが現場中継するパートもあったのだが、被災当事者の発話はごくわずかに抑えられていた。そして、被災自治体の行政職員の影はもっと薄かった。被災者のニーズ、被災地の医療や福祉、教育機関の状況などを知らせるには、専門家のトークだけで足りるものではない。発災3日目というタイミングにおいてこのバランスでよいのか、支援・受援を念頭においている視聴者によってはギャップを感じた可能性もある。

　そこで、関西大学社会安全学部で「災害ジャーナリズム論」を受講している284人（主に2年次生）を対象として、発災から3カ月後の2018年9月にアンケートを実施した。まず教室で当該番組を見てもらい、質問紙に回答を記入してもらった。選択肢は5件法（「とてもよい」「よい」「どちらともいえない」「よくない」「まったくよくない」）で設計し、それぞれ5点から1点までスコアを割り振った。ポジティブな回答ほど、点数が高い設定にしてある。集計した結果を、**図6-3**に示す。

　なお、社会安全学部生は、災害・防災について学ぶ機会が多いため、調査対象者は、災害報道をめぐる議論などについて同年代の若者よりも知識を持っている可能性が高い。しかし、災害報道に関する専門的な技術や経験はないグループである点において、「リアリティの共同構築モデル」における「住民」カテゴリーに属しているものとみなすことができると考えた。

　まず、「この番組は地震発生から3日目の夜に放送されました。タイムリー

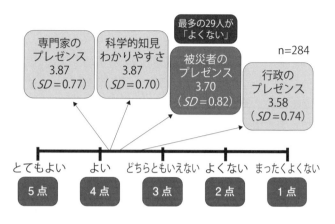

図6-3　社会安全学部生を対象にした番組視聴後アンケート

だと思いますか」と尋ねた設問の回答結果は、「とてもよい」が12.7%、「よい」が48.2%で、ポジティブに受け止めた人は6割を超えていた。「番組を見た印象を教えてください」と尋ねた設問の回答結果は、「とてもよい」が16.2%、「よい」が65.1%で、こちらは8割を超える人がポジティブに受け止めていた。

「科学的な知見を活用した解説は、わかりやすかったですか」と尋ねた設問の回答結果は、「とてもよい」が14.8%、「よい」が61.1%で、4人のうち3人が好印象のようであった。そこで、「専門家のプレゼンス（番組に占める割合）は、ほどよかったですか」と尋ねたところ、「とてもよい」が15.5%、「よい」が63.0%で、合計すれば78.5%の人がポジティブに受け止めていた。同様に、「被災住民のプレゼンス（番組に占める割合）は、ほどよかったですか」と尋ねた設問の回答結果は、「とてもよい」が10.6%、「よい」が60.6%で、7割超が好印象のようだったが、一方で「よくない」が10.3%、「まったくよくない」が0.7%で、ネガティブに受け止めた人が1割超いたことがわかった。標準偏差の値も他の設問よりも相対的に大きい（$SD=0.82$）ことから、被災者のプレゼンスに関しては印象度にばらつきがあったものと考えられる。

3　リアリティを深める糸口を探求する

　番組の内容分析、さらに大学生を対象にしたアンケートの結果をふまえて考察すると、大きく3つの知見を導き出すことができる。

　まず1つ目は、報道機関においては、やはり、科学的な知見が備給・更新される環境・体制の維持と強化があらためて必要であるという点である。災害の読み解きに、専門家の意見を取り入れる場面は多い。したがって、何が"肝"なのか、その「情報」はいま本当に必要なのか、迅速に精査できる力を養っていなければ、専門家の知見——もしくは、私見——を、ただ垂れ流すことになりかねない。物事を多角的にとらえるにしても、そのマルチなアングルを、平素から鍛え上げておくことが要請される。

　2つ目は、「住民」（視聴者や読者など）の「リアリティ」に敏感であらねばならないということである。仮に科学的な知見が煩瑣で理解しにくいものなのであれば、解説する情報を増やす必要があるだろうし、逆に科学的な知見の説明が過剰であるならば、それを補正・調整する必要があるだろう。一般的に、科学的な知見が導入されることは"善いこと"であると受け止められるきらいもあるが、しかしこれが行き過ぎると当事者不在の「科学偏重主義」に陥るリスクがある点には、十分自覚的であらねばなるまい。

　極端な場合、科学による"ねじまげ"——これを「ファイン・チューニング」と揶揄する言葉がある（Weinberg, 2015）——さえ起き得る危険もある。たとえば、「科学者」と「メディア」だけが連携を深めて「結託」するようになれば、「住民」は真実を知る手がかりを失ってしまう。だからこそ、「科学」の視座は、常にオープンに、検証のために開いておくことが不可欠である。「科学者」と「メディア」のパートナーシップは、互いのプロフェッションに対する矜持を保った、ある意味で緊張感のある連帯でなければなるまい。本章の冒頭で示したイタリアのラクイラ地震のようなケース——この場合は、行政が主導して専門家と結託しようとし、それをメディアが見過ごした事例とも言える——を繰り返していては、健全でレジリエントな社会の発展に寄与することなどできないのである。

　そして最後に３つ目は、すでに２つ目の要点として示したような事態の悪化を未然に防ぐために、報道機関自らがセルフチェックをし、情報の質と量をバランシングできるようにすることの重要性である。内容分析やアンケートなどの「科学的な検証手法」を駆使して、自らの営為を対自化し、厳しくモニタリングしたのち、得られた知見を再び現場にフィードバックする体制づくりが急がれる。本研究で示した簡便な手法などを参照して、よりドラスティックな体制強化策を志向していくことが望まれる。ここで、蛇足ながら付記しておけば、そうした愚直に自己鍛錬する姿を日々社会に見せ続けることこそが、市民からの信頼と支持を得ることにつながるものと考える。

〈補注〉

1）　五島（2014）によれば、現代社会は空前の「科学ブーム」のなかにあって、かえって科学や技術に対する不信や妄信、偏向などの逆機能が生じているという。ここにおいて、「科学」という概念自体を定義したいところだが、これはきわめて難題である。そこで本研究では、「現代の科学リテラシー」というコンセプトを打ち出している本堂ら（2017）の以下の主張、すなわち「科学知識の強みは、多くの例によってチェックされているだけでなく、今後何度でも実験や観測によって確かめることができることにあります」という点を「科学」という営みの必須条件とみなすことにした。日本では「日本科学技術ジャーナリスト会議（JASTJ）」という団体が1994年に発足しているが、この団体が発刊する書籍などを通読しても、「科学」を厳密に定義した記述は見当たらないようである（たとえば、日本科学技術ジャーナリスト会議，2015）。ただし「失敗を丹念に検証する」という構えと、その手法の基軸に「科学（サイエンス）」を位置づけていることは確かである。また、宗教との対比から科学の範疇を確定しようとする論考もあるが、宗教者でかつ科学者であることは可能であるし、実際に、たとえば現代日本社会においても、素粒子物理学者として著名な三田一郎が熱心なキリスト教の信者であることなどを例にあげれば、宗教と科学を峻別することが困難であることは容易に理解されるだろう（三田，2018）。付記しておくと、大澤（2021）は、科学的な知と資本主義的な価値が類比的であるという独創的な主張をおこなっている。資本は回転するなかで剰余価値を生み出す。同じように、科学は常に「剰余知識」を生み出し続けているというのである。科学は、あくまでも"仮説の体系"に過ぎないのであるから、宗教のように"真理"に到達して閉じることがない。資本と同様に科学の営みには「無限の蓄積性」がある。だ

からこそ、たとえば、コロナ禍のような未知なる巨大リスクを前にしたとき、科学者の多くは、市民からすればわかるようでいてよくわからない「情報」や「データ」や「数値」を次々と世に送り出して煙に巻く。そこにメディアが無反省に"悪乗り"すれば、画面や紙面は埋まるが、事態はなんら改善することはないという状況が生まれる。こうして焦燥感と閉塞感という手応えのない「リアリティ」だけが色濃くなっていくのである。なお、本書**第10章**も参照のこと。

〈参考文献〉

五島綾子（2014）『〈科学ブーム〉の構造──科学技術が神話を生みだすとき』みすず書房.

本堂　毅・平田光司・尾内隆之・中島貴子編（2017）『科学の不定性と社会──現代の科学リテラシー』信山社.

纐纈一起・大木聖子（2015）「ラクイラ地震裁判──災害科学の不定性と科学者の責任」『科学技術社会論研究』第11号, pp.50-67.

三田一郎（2018）『科学者はなぜ神を信じるのか──コペルニクスからホーキングまで』講談社.

日本科学技術ジャーナリスト会議編（2015）『科学を伝える──失敗に学ぶ科学ジャーナリズム』JDC.

岡田　弘・宇井忠英（1997）「噴火予知と防災・減災」『火山噴火と災害』宇井忠英編, 東京大学出版会, pp.79-116.

大澤真幸（2021）『新世紀のコミュニズムへ──資本主義の内からの脱出』ＮＨＫ出版.

Weinberg, Steven（2015）*To Explain the World:The Discovery of Modern Science*, Harper.〔スティーヴン・ワインバーグ（2016）『科学の発見』赤根洋子訳, 文藝春秋〕

矢守克也（2013）『巨大災害のリスク・コミュニケーション──災害情報の新しいかたち』ミネルヴァ書房.

第III部　理論と実践の往還

第7章
実践事例1：災害報道版クロスロード

　ここまでは、理論編と分析編で、衒学的な内容が多くを占めていた。報道現場に近い読者からすれば、縁遠い空論ばかりだと感じたかもしれない。

　第Ⅲ部では、「メディア・イベントにおけるリアリティの共同構築モデル」の理論フレームをふまえた実践事例を紹介する。あらかじめ強調しておきたいのは、理論だけ、実践だけに偏ってしまうと、われわれはそのアンバランスのさなかでダッチロールをはじめ、やがて進路を見誤まるリスクが高まるということである。常に、理論と実践を往還すること。理論を実践のなかで鍛え上げ、実践の混沌を理論で整頓すること。ウォルター・リップマンが活躍した百年前の知見を継承しながらも、21世紀にあっては、そろそろ諸問題を超克して、その次の百年を展望することが求められる。

　筆者は現在、20ほどのメディアプロジェクトを同時並行的に進めているが、紙幅の都合もあるため、ここではなるべくアングルもアプローチも異なる取り組みを、大きく3つ紹介することにした。

1　災害報道版クロスロードの開発

　災害報道は、局面や機能によって、緊急報道、復興報道、予防報道の3つに分類することができる（第1章）。いずれの局面においても、報道従事者は現場で「即応力」が試される。そしてときに、どうすればよいのか「正解」が見当たらないほどの"深刻なジレンマ"に陥ることもある。

　たとえば、目の前でがれきに埋もれている人を見つけた場合に、取材を続けるべきか、それとも救助に専念すべきかといったシチュエーションが想定される。ある者は、この惨状こそ取材すべきだと心を鬼にしてペンをとり、またあ

る者は、人としてやるべきことはひとつしかないはずだとカメラを捨て、救助活動の輪に加わった……。これらは、いずれも実際にあったエピソードである。そして、こうした過酷なジレンマに直面して苦渋の決断をした報道従事者たちは、それが本当に正しい選択だったのか悩み続けることになる。

　このように、被災地／被災者のために善意で下した決断が、結果として混乱を招いたりトラブルを生んだり、心の傷になったりするようなことは、実際の現場では無数に起きている。しかし、そうした経験の多くは、事後、いわゆる"居酒屋談義"のネタになるだけだったり、断片的な"武勇伝"として記述されたりするだけで、後進にとって"考えるよすが"となるかたちで継承されることがないままとなっている。したがって、災害報道の現場のひりひりするような切迫したリアリティは、普段は未知の領域に追いやられていて、必然的に、同じ失敗が繰り返されてしまう。

　ところで、災害報道を充実させるために、日本のメディア業界は、おそらく世界で最も熱心に取り組んでいる。報道研修の場では、体験を共有するための座談会や報告会を企画したり、図上演習や緊急放送訓練などをおこなったりしている。それらはどれも価値や意義がある内容である。しかし、敢えて"想定外"に立ち向かうこと、メンバーの視野を広げることという観点から見た場合には、かなり限界があるメニューであると言わざるを得ない。特に、先達の体験談を中心に据えた学習には、ひとつの"武勇伝"の極論に参加者がアンカリングされてしまう。つまり、ひとつの成功事例、もしくは失敗事例を過大視してしまう危険さえある。もちろん、それでも数をたくさん集めて、司法機関における判例集のようなものを編み出していくことも想定はできよう。公約数的に合理的な判断基準を明文化していく方略である。しかし、報道の現場における深刻なトラブル事象、なかでもジレンマ状況とは、そうした判断基準自体がゆらいでしまう場面を多分に含んでいるため、単にケース・スタディを積み上げていけば解法が見出せるわけではない点、留意が必要である。

　たとえば、ＮＨＫの「倫理・行動憲章／行動指針」（2008年に改訂）を代表的なサンプルとしてひもといてみると、記載事項は以下の5点にしぼられている。

①公共放送の使命を貫きます

②視聴者のみなさまの信頼を大切にします

③受信料の重みを認識して業務を行います

④コンプライアンスを徹底します

⑤活力あるより良い職場環境を追求します

　たとえばこのなかの④は、ジレンマ状況の対応策に密接に関連した項目とも見受けられる。しかしこの項目に関してさらに追記されているのは、「行動や判断を常に自問し、法令・社会のルール、内部規定の順守を徹底します」、「公私の区別を徹底し誠実に職務を遂行します。私生活でも公共放送の信用を損なう行為をしません」など、常識的な記述ばかりである。「倫理・行動憲章／行動指針」の内容は網羅的であるものとしてプラスの評価を与えることもできるかもしれないが、これをもとに具体的な研修・指導をおこなうのは至難のわざであろうし、実際の災害報道の現場でジレンマ状況に直面したときに役に立つかと言えば、疑問符を付けざるを得ないだろう。こうしたマニュアル類に関して、ある組織の現役のジャーナリストなどからは、「お題目を口酸っぱく唱えている管理職は、自分が"兵隊"――業界のジャーゴンとして、平社員のこと――のときには為して来なかったようなことを、いまでは平気で現場に押しつけてくる」といった批難の声が筆者のもとに寄せられている。

　こうしたなかで、ジレンマ状況の対応策を考えるうえで注目を集め続けているのが、「クロスロード」[1]というコミュニケーション・ツールである。この手法は、1995年に起きた阪神・淡路大震災の対応にあたった様々な関係当事者にロングインタビューを試みた研究者たちが開発したもので、将来、災害対応にあたる人々の対応力を向上させるために編み出された。そして現在では、防災・減災の分野に留まらず、環境や教育、看護や福祉などの分野、病院や学校などの機関、様々な地域コミュニティの現場でも幅広く活用されている。

　ここであらためて「クロスロード」の定義を概括しておこう。「クロスロード」とは、防災に関する取り組みにしばしば見られるトレードオフ（ジレンマ）の状況――「こちらを立てれば、あちらが立たず」――を素材として、ゲームの参加者が二者択一の設問に対してYESまたはNOの判断を下すことを通して、

防災を「他人事」ではなく「我が事」として考え、相互に意見を交わすことをねらいとした集団ゲームのことである（矢守・吉川・網代，2005; 矢守，2014）。

　クロスロードの設問に落とし込むことができるジレンマ状況は、多種多様で千差万別である。通常は、実話をベースにして作成される。設定できるコンフリクトは柔軟に置き換えられるし、研修の所要時間などにあわせて選択することができる。この点が、研修プログラムで実践する際のアドバンテージとなる。

　通常のクロスロードプレイの進め方を、以下に示す（矢守，2014などを要約）。

（1）参加者は5〜7名程度の、できれば奇数名でグループを構成する。

（2）参加者の1人が問題カードから1枚を取り出し読み上げる。その問題カードには災害時に起こりうる状況が示され、ある一定の立場から、二択での判断を求める内容が記されている。

（3）参加者はYes／Noのどちらかのカードを裏に向けて出す。

（4）参加者全員が合図にあわせてカードを表にする。このとき、多数派の人たちがポイント（青座布団）を獲得することができる。ただし、もし1人だけが他者と異なる意見だった場合には、多数派はポイントを得ることなく、その人がポイント（金座布団）を獲得することができる。

（5）自分が出したカードについて参加者が選んだ理由を順番に話すことによって、全員が"思考の筋道"を共有する。

　このようにして、あとは（2）〜（5）を繰り返し、最終的に得点（座布団の数）が高い（多い）人が勝ちとなる。座布団の色によって得点差をつけても良いとされている（青1点、金2点など）。

　「クロスロード」では、あえて、「金座布団」の獲得をねらって、他の人の考えを予想しながら自分の本心とは異なる選択肢を選んでもよい。ただし、（5）では、そのカードを選んだ理由を述べなければならない。この「ゲームとして得点を競う」というところが、様々な立場の参加者が意見を言いやすくなる仕掛けとなっている。なぜなら、万が一、本当に思っていたことが他者と違っていた場合でも、「金座布団をねらったのだ」と気楽さを装うことができるからだ。それによって、安心して判断を示すことができるし、また、敢えて自分の本心

とは異なる意見を言ってみせることによって、自分が思ってもみなかったことを考えるきっかけにもなる。つまり、ゲームであるという前提／共通理解があることで、経歴や立場などの違いを気にせずに自由に意見を述べあうことができ、また全員が発言の機会を得ることが担保されているのである。

　ただし、このゲーム性をどこまで追求するかは、時と場合によるものと考えられる。そこで本研究では、クロスロードプレイの手順（4）（獲得ポイントを示す座布団などを使うルール）はオミットすることにした。あくまでも報道機関内での研修プログラムとしてのアウトプットを想定しているからである。

　さて、ここで、河田・矢守（2012）によれば、「クロスロード」には主に3つの機能があるという（**図7-1**）。1つ目は「情報を組織する（Organizing information）」機能、2つ目は「分析（Analysis）」する機能、そして3つ目は「実践の支援（Practice support）」をする機能である。

　それぞれに短く解説を付しておくと、まず第1の機能は、当該分野においてどのようなジレンマ状況があったのか（ありうるのか）、関連する情報をあまり加工したり縮減したりせずに保存・整理できることを意味している。

　第2の機能は、抽出されたジレンマ状況に対して、どのような対応策をとり得るのか、また、その選択をなすことにはどのような理由や条件や動機が紐づけられるのか、多様な"思考の筋道"を分析し、あらかじめ同意・納得の可能

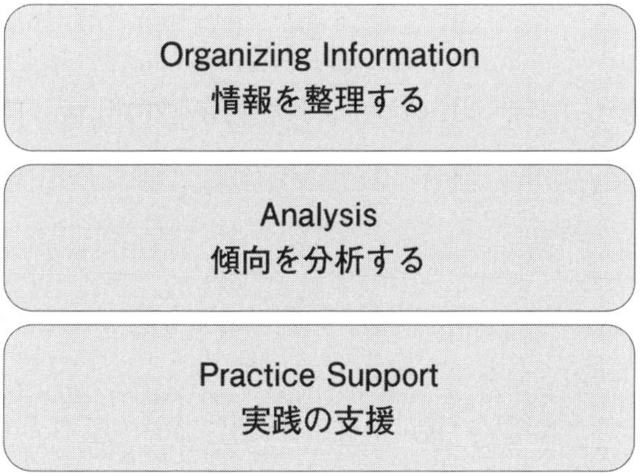

図7-1　クロスロードの3つの機能（河田・矢守，2012）

性を探索しておけることを意味している。場合によっては、新たなルール──これを本研究では「第三の道」と呼ぶ──を策定すれば、問題解決に至ることもある。

　そして第3に挙げた機能は、まとめあげた「クロスロード」を、今度は訓練や研修の場において実際に（不特定多数の）他者とプレイしてみることによって、災害時の状況を具体的にイメージし、「わがこと」／「われわれごと」として備えを進めていくきっかけにできることを意味している。

　さて、ここまで、本章で紹介する実践事例「災害報道版クロスロード」が開発されることになった背景と基本情報を説明してきた。次節で、その中身の具体を記そう。もちろん、内容は「メディア・イベントをめぐるリアリティの共同構築モデル」にリンクする部分に照準していくことになる。

2　災害報道版クロスロードの実際

　筆者の研究室では、災害報道に関して記述された文献の調査や、報道従事者のインタビュー調査などを経て、「災害報道版クロスロード・精選10問」を選定している[2]。ここでは、選定のプロセスの子細にまで立ち入ることはしないが、セレクトの判断基準について特記しておこう。ポイントは、「ジレンマのコアパターン」である。

　利害が衝突するジレンマには、ある程度の傾向、すなわち、何と何の間でコンフリクトが起きていて、何と何の間で利益衡量しなければならないのか、その趨勢があることがわかっている。これを矢守（2014: pp.116-117）は、「ジレンマのコアパターン」と呼んでいる。以下のとおり、大きく7種類あげられている。

　（1）「ハイリスク・ハイリターン」の選択にするか、それともその逆の「安全策」をとるのかのジレンマ
　（2）「公」（仕事・地域）の利益や責任を優先するか、それとも「私」（家庭・個人）の利益や責任を優先するかのジレンマ
　（3）目の前の「短期的な利益」を優先するか、それとも「長期的な利益」

を優先するかのジレンマ

（4）「自分の利益」を優先するか、それとも自己犠牲を伴っても「他者の利益」（他者との関係）を大事にするかのジレンマ

（5）「既定のルール」（規則・マニュアルなど）を守ることを優先するか、それともそこから逸脱しても得られるかもしれない「新たなアプローチ」にかけるかのジレンマ

（6）「人間関係重視」の人情面をとるか、それとも「合理性重視」で実利面をとるかのジレンマ

（7）平時を基準にした利便性を優先するか、それとも非常時を想定して不便さを許容するかのジレンマ

　災害対応の場面は、限られた資源の中で行動することを強いられる。このうち最も重要かつ不足しているリソースとして、「時間」があげられる。災害報道は、時間との闘いであって、迷っているひまなどないのである。だからこそジレンマは深刻化しやすく、ときにトラブルに直結することになる。

　このような認識のもと、本研究では報道従事者のインタビュー調査などの知見もふまえて、ここに「（8）報道の正確性（入手できる情報に偏りや曖昧性があったとしても急いで報道するか否か）に関わるジレンマ」というコアパターンも加えることにした。

　精選10問の設問項目は、**表7-1**に示すとおりである。しかしここで、誤解のないように急いで付言しておけば、これらはあくまでも本研究におけるサンプル——ひとまずのセレクションズ——であり、決してベストセレクションとは言えない点、注意が必要である。常に設問を更新していく作業が理論的にも実践的にも不可欠であることは、次節のまとめにおいて述べることになるだろう。

　さて、「リアリティの共同構築性」を考えたときに、以下に述べる点が死活的に重要である。これまでは、報道マニュアル（報道研修）をめぐっては、往々にして「Aの場合はBすべき」とか、「Cの状況下ではDはなすべきではない」という一意命題を導き出して、それを金科玉条のように現場で徹底しようとしてきたきらいがある。さらに、その議論は半ばクローズドの空間でなされてい

表7-1　災害報道版クロスロード精選10問（暫定版）

No.	局面	内　　容
1	緊急時	あなたは、記者です。大地震が発生。被災した現場に急行すると、がれきの中から助けを求める声がする。取材を優先する？
2	緊急時	あなたは、ＴＶディレクター。大地震が発生。被災した現場で生中継を担当することに。夜、照明を使っていると、被災者が捜索活動に貸してほしいという。機材を貸す？
3	緊急時	あなたは、記者です。大地震が発生。津波で同僚が行方不明になった。被災地では、取材の手が全く足りない状況が続いている。それでも同僚を探す？
4	緊急時	あなたは、ＴＶの解説委員です。放送中に大地震が発生。大津波警報も発表された。天気カメラの映像を見る限り、まだ津波を確認することができないが、それでも強い口調で、「高台に逃げてください」と注意喚起する？
5	緊急時	あなたは、沿岸部の駐在記者です。大地震が発生。大津波警報が発表された。このような場合、まず水門をしめる消防団員の様子を撮影・取材することが基本となっている。水門に向かう？
6	緊急時	あなたは、新聞社のカメラマンです。地震の被災地で病院取材をすることに。しかし、入口には「メディアはお断り」の貼り紙があった。それでも、取材する？
7	緊急時	あなたは、ＴＶのカメラマンです。沿岸部で取材中、巨大地震が発生。避難した高台から見下ろすと、人が津波で流されている。撮影する？
8	緊急時	あなたは、ＴＶの映像編集担当。巨大地震が発生、来襲した津波によって人が流されている様子を、たまたま現場にいたカメラマンが撮影して持ち帰ってきた。この映像を使う？
9	平常時	あなたは、ＴＶのプロデューサーです。取材ディレクターが、津波被害の遺族から、亡くなった肉親の遺体の写真を借りてきた。防災啓発のため、遺族自身がオンエアを希望しているという。番組で使う？
10	復旧期	あなたは、ＴＶディレクターです。大地震が発生。1週間連日、被災地のリポートばかりが続いているなか、「次の巨大地震に備えて」という防災特番の企画が持ち上がった。賛成する？

て、議論の過程が生煮えだったり、結論が立ち消えになったりすることが、他のリアリティ・ステイクホルダー（特に住民）からは、完全にブラインドになっていた。

　そこで、この「災害報道版クロスロード」は、異なる立場の人でプレイした結果を照合しあってみることをあらかじめ織り込んでおくことにした。ここでは、「メディア」と「住民」で実施した結果を分析していこう。

「住民」カテゴリーに関しては、筆者が所属している関西大学社会安全学部の学部生を対象として調査することにした[3]。「災害情報論」を受講している２年次生から４年次生までの学生285人に協力してもらった。当該学生は、自然災害に関する学習を積み重ねている者も多いことからも推測されるとおり、「一般の大学生」とみなすことはできない集団であると考えられる。しかし、「情報の伝え手」として災害報道に従事した経験のある者は含まれていないことから、「住民」カテゴリーのサンプルとみなすことに一定の妥当性を有しているものと考えた。

一方、「メディア」カテゴリーに該当する報道従事者には、2019年8月30日に、日本記者クラブが主催した災害報道研修の場をお借りして、当該「災害報道版クロスロード精選10問」をプレイしていただいた。日本全国から東京のプレスセンターに集まって２日間にわたって実施された研修プログラムの最終セッションに、およそ２時間の枠を設けて実施した（**写真7-1、写真7-2**）。参加登録者は100名あまりで、所属する組織の数は50ほどであった。九州の豪雨の影響で途中欠席した者もあり、最終的に83名からデータを得ることができた[4]。

大学生には、授業時間を使用して、教室でワークシートに記入してもらうかたちで実施した。報道従事者には、参加者を9グループに分けたうえでワークシートに記入してもらい、その後、グループごとにテーブル・ディスカッションをおこなった。

写真7-1、7-2　日本記者クラブでのクロスロード研修の様子

表7-2　「災害報道版クロスロード」精選10問の回答結果比較表

			YES/NOの選択数が多い側 (割合)	
		災害報道版クロスロード精選10問		
設問	局面	内　容	報道従事者	大学生
1	緊急時	あなたは、記者です。大地震が発生。被災した現場に急行すると、がれきの中から助けを求める声がする。取材を優先する？	NO (83%)	NO (78%)
2	緊急時	あなたは、ＴＶディレクター。大地震が発生。被災した現場で生中継を担当することに。夜、照明を使っていると、被災者が捜索活動に貸してほしいという。機材を貸す？	NO (54%)	FIFTY-FIFTY
3	緊急時	あなたは、記者です。大地震が発生。津波で同僚が行方不明になった。被災地では、取材の手が全く足りない状況が続いている。それでも同僚を探す？	NO (80%)	NO (70%)
4	緊急時	あなたは、ＴＶの解説委員です。放送中に大地震が発生。大津波警報も発表された。天気カメラの映像を見る限り、まだ津波を確認することができないが、それでも強い口調で、「高台に逃げてください」と注意喚起する？	YES (99%)	YES (94%)
5	緊急時	あなたは、沿岸部の駐在記者です。大地震が発生。大津波警報が発表された。このような場合、まず水門をしめる消防団員の様子を撮影・取材することが基本となっている。水門に向かう？	NO (69%)	NO (55%)
6	緊急時	あなたは、新聞社のカメラマンです。地震の被災地で病院取材をすることに。しかし、入口には「メディアはお断り」の貼り紙があった。それでも、取材する？	YES (66%)	NO (86%)
7	緊急時	あなたは、ＴＶのカメラマンです。沿岸部で取材中、巨大地震が発生。避難した高台から見下ろすと、人が津波で流されている。撮影する？	YES (90%)	YES (78%)
8	緊急時	あなたは、ＴＶの映像編集担当。巨大地震が発生、来襲した津波によって人が流されている様子を、たまたま現場にいたカメラマンが撮影して持ち帰ってきた。この映像を使う？	NO (86%)	NO (58%)
9	平常時	あなたは、ＴＶのプロデューサーです。取材ディレクターが、津波被害の遺族から、亡くなった肉親の遺体の写真を借りてきた。防災啓発のため、遺族自身がオンエアを希望しているという。番組で使う？	NO (83%)	YES (55%)
10	復旧期	あなたは、ＴＶディレクターです。大地震が発生。1週間連日、被災地のリポートばかりが続いているなか、「次の巨大地震に備えて」という防災特番の企画が持ち上がった。賛成する？	NO (60%)	NO (59%)

YES/NO の比率の多いほうが逆転している場合は灰色でハイライトした。また、15 ポイント以上差がある場合はスクエアで囲った。

　結果を、**表7-2**に掲げた。設問１、２、３、４、５、７、10の回答は、大学生と報道従事者の回答傾向が大略同じようになっていて、予想していたよりも大きなギャップがないことがわかった。しかし、設問６、８、９は、多数派と少数派の割合の数値に着目してみると、15ポイント以上の開きがある。さらに、設問６、９は、YES/NOの多数派の傾向が逆転していた。すなわち、報

道従事者と非報道従事者のリアリティにギャップが潜んでいたということがわかった。

　設問8は、「津波で流されている人の様子を撮影した映像をテレビで使うか」が問われている。大学生は、YES＝42％とNO＝58％で、意見は分かれていた。しかし、報道従事者は、YES＝14％とNO＝86％で、NOが多数派を占めていた。報道従事者のほうこそ、そのようなショッキングな映像は「使えない」との回答が圧倒的に多かったわけである。これはおそらく、現場の実感や経験を反映しているものと考えられる。報道従事者からは、いくら教訓になるとはいえ、「そこまではやりすぎ」、そもそも「本人（家族）の許可が得られない」、「上司がGOを出すはずがない」などの声が聞かれた。一方で、おそらく、学生からすれば、「実際にメディアとは、そういう冷酷なことをする集団のはず」、「テレビで使わなくてもYouTubeにはアップされている」、「それが仕事なんでしょう」といったリアリティがある。また、「モザイクをかければいい」という意見は、どちらのグループからもあがっていた。ちなみに、この設問8は、国を超えると、あまり成立しないようである。「（ショッキングだからといって）何を悩む必要があるの？」という声を採取したことさえある。日本人の感性としては、映像を加工したり、注意書きを表示したり、深夜帯の特番に放送を限定したり、扱い方を工夫していくことで、ようやく折り合いがつく可能性があるのかもしれない。

　設問6と設問9は、多数派の傾向が逆転していた。学生と報道従事者との間では、「思考の筋道」に大きなギャップが生じていることがわかる。この2つの設問の回答結果を、以下に詳細に見ていこう。

　まず、設問6の内容は、「あなたは新聞社のカメラマン。被災地で病院取材をしようとすると、入口に"メディアお断り"の貼り紙があった。それでも取材しますか」であった。**図7-2**に、比較結果を示す。

　学生の多くは、NOと回答している。その理由として最も多かったのが、「プライバシーの侵害になるかもしれないからやめるべきだ」であった。「他の病院にあたればよい」という意見もあったが、そもそも「取材すべき理由がわからない」、「ダメに決まっている」、「いちどトラブルを起こした証拠に違いない」、「一体どうしてこれがジレンマなのか、迷うこと自体、意味がわからない（N

あなたは、新聞社のカメラマンです。
地震の被災地で病院取材をすることに。
しかし、入り口に「メディアお断り」
の貼り紙が。それでも、取材する？

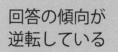

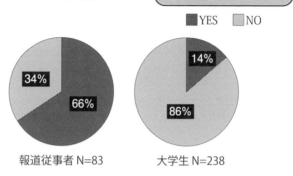

図7-2　設問6の回答結果の比較

O以外の答えがあるなんて想像できない）」という回答も多く、NOという考え方
がきわめて強固であることが想起できるだろう。

　一方、報道従事者は3人に2人がYESであり、「ひとまずアタックしてみる」、
「交渉してみないとわからない」、「仕事だから取材せずに帰るわけにはいかない」
という意見が多数あがっていた。ここには“報道の使命”（ないしは、組織人と
しての責務）を自覚していることが見てとれるが、その考え方だけに固執して
いると、このギャップは深まるばかりで、すぐにトラブルに発展するおそれが
あることがわかる。

　もうひとつ、設問9の回答の傾向も逆転していた。「津波被害の遺族から、
肉親の遺体の写真を防災啓発のため使ってほしいと懇願された。番組で使いま
すか？」という設問である[5]。**図7-3**に、回答を比較した結果を示す。

　報道従事者の意見としては、「視聴者が遺体の画像を見たいわけではない」、「防
災啓発の効果があるとは思えない」、「そもそもわが社では許されない」と、大
半がNOと回答していた。これらはきわめてひかえめな意見であり、「人権」
とか「プライバシー」などの高尚な理由をあげればあげるほど、先の設問6な
どの結果からすれば、相矛盾した態度を表明しているようにも見える。

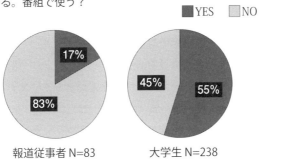

あなたは、ＴＶのプロデューサーです。取材ディレクターが、津波被害の遺族から亡くなった肉親の遺体の写真を借りてきた。防災啓発のため遺族がオンエアを希望している。番組で使う？

回答の傾向が
逆転している

■YES　□NO

報道従事者 N=83　　　　大学生 N=238

図7-3　設問９の回答結果の比較

　一方、学生は、「遺族が希望しているならば応えてあげるべき」、「外国では普通に流れているし、ネットにもアップされている（ので問題なし）」、「そもそも画像を出す出さないをマスコミが勝手に決めていいのか」といった意見が多く、過半数がYESとなっていた。これも、たとえば「個人の尊厳を尊重する」などの高尚な理由をあげればあげるほど、先の設問６の回答傾向とは相矛盾しているようにも見える。

　このようにしてクロスロードの手法を使えば、過去に起きたジレンマの状況を整理し、トラブルが深刻化するまえにその傾向――ある意味でトラブルの予兆――を把握しておくことができる。もちろん、これを、単に論点を整理するためだけの作業とみなしてはならない。意見の相違の背後にあるリアリティ――その程度ならば大丈夫だとか、その点は絶対に看過できないとか、これが"現場の常識"なのだとか、それこそ"メディアの非常識"なのだとか――に、われわれは注意を払う必要がある。そして、仮にたがいの理路をつないでいけば未然にギャップが埋まりそうなのであれば、あらかじめルールづくりをするなどの取り組みを開始していくとよいだろう。

　たとえば、設問６については、「病院の事務局長を代表取材してはどうか」

とか、「病院の施設の外（駐車場など）に仮のプレスルームを設けてはどうか」といった代替案がクロスロードの参加者からも提起されていて、実はすでに、被災地のあちこちで、即興的にではあるが検討に付されてもいる。また、設問9のような価値観の衝突を多分に含んでいるジレンマについては、まさに、互いの立場を超えた十全なリスク・コミュニケーションをおこなうことが事態の軽減化に向けた一手になるのではないかと考えられる。

　ところで、ここまで「報道従事者」に関しては、職歴や職種などは度外視して、ひと括りにして捉えてきた。今回の日本記者クラブにおけるクロスロード研修では、在職年数のデータを採取することができている。そこで、以下に、職歴とYES/NOの回答結果をクロス集計した結果の一部を記しておこう。

　在職年数を記入した回答者は81名いた。このうち、10年以上——中堅からベテランに相当するものと思われる——は37名であった。10年未満は残りの44名であるが、5年以下——若手に相当するものと思われる——にしぼってみると26名が該当していた。

　そこで、「10年以上」、「10年未満〜5年超」、「5年以下」の3グループの意見分布の傾向をクロス集計して比較してみた。その結果、全体的にはあまり差はないことがわかった。しかし、設問1、3、8は、10年以上のベテラン

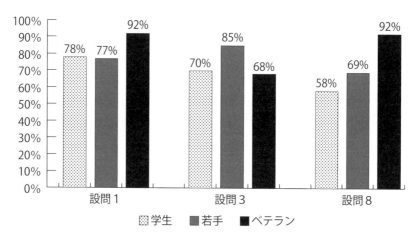

図7-4　世代別の回答傾向　クロス集計結果（NOの比率で表現）

と５年以下の若手で15ポイント以上の差がついていた。この結果をふまえて、大学生の回答結果も含めて３グループで比較したのが**図7-4**である。

　これを見ると、設問８では、経験を積めば積むほど考え方が謙抑的・消極的になっていくようにも読めるが、設問１ではそのような単線的なトレンドはマイルドにしか表現されていない。そして、設問３では、他の設問のトレンドと整合する結果は得られていない。これらのデータ・セットから得られた知見を総合する限り、在職年数というファクターは個々人の意見分布には強い影響を与えてはいないようである。ただし、マスメディアという組織にコミットした早い段階で、学生時代とは異なる価値観（判断基準・職業意識）が形成されている可能性はある。もちろん、本研究においてはサンプル数に限りがあるため、このトレンドを絶対視することは避けなければならない。ひとまずは、ギャップが実在（リアル）することに対する感覚（リアリティ）を把持することが重要である。

3　災害報道版クロスロードのポテンシャリティ

　災害報道版クロスロードのカテゴリー別の比較結果（報道従事者・非報道従事者）を見てきた。ここで、参考に付すため、2019年８月30日に実施した日本記者クラブにおける研修後の質問紙調査の結果を紹介しよう。そのあとで、災害報道版クロスロードのポテンシャリティを検討する。

　まず、災害報道の充実化について、「個々人の知識」、「個々人の意識」、「組織の体制」、「研修の機会」、「経験の伝承」の各項目について、それぞれ、「じゅうぶん」、「まあまあ」、「いまいち」、「まったくだめ」という選択肢にマークをしてもらった（**図7-5**）。

　この５項目の中で、不十分であると感じている人の割合が最も多かったのは「研修の機会」であった。「いまいち」＝47.6%、「まったくだめ」＝39.3%となった。「じゅうぶん」と回答した人がゼロだったことも斟酌すると、今回のような災害報道に関する研修を実施することは、報道の現場において強く求められていることではないかと推察できる。

　同じように、災害報道の「経験の伝承」に関しても不十分さを強く感じてい

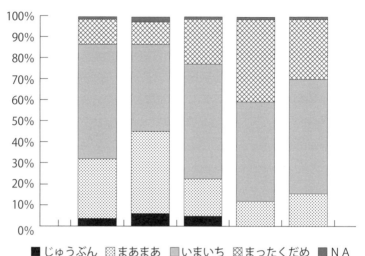

図 7-5　災害報道の充実度に関する回答結果（n＝84）

る人が多く、さらに「じゅうぶん」さを感じている人が皆無であることから、災害報道の経験を共有するような研修手法に対しては肯定的に受け止められていることがうかがえる。

　次に、クロスロード研修の満足度を尋ねた結果を見てみると、「とても参考になった」＝51.2％、「参考になった」＝46.4％で、ポジティブな回答が大半を占めた。クロスロード研修を今後、自社などの報道研修の場で活用していきたいと思うか尋ねた設問では、「とてもそう思う」＝39.3％、「そう思う」＝56.0％という回答結果となった。これらの結果をふまえると、おおむね好評であったことがわかった（**図7-6、図7-7**）。

　そして最後に自由記述欄を確認したところ、全般としては参加した個々人にとって「気づき」を与える機会になっており、組織の意識改革に活用していくことに対して肯定的な意見が目立った。

　たとえば、「現場で悩むことばかりだったので、今後に役立つと思った」、「視野が広がった」、「頭が柔軟になった」などの意見があった。また、「ジレンマについて社内で方針づくりをしていきたい」、「将来起こりうる南海トラフ地震

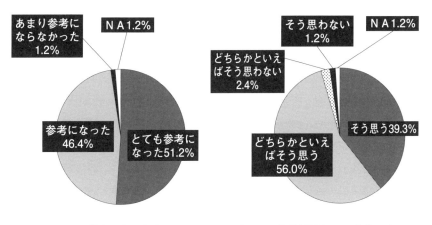

図7-6　参考になったか　　　　図7-7　今後活用していきたいか

に向けて災害報道の参考にできる」、「新しいコミュニケーション・ツールを若い記者を対象にして使ってみたい」といった次のステップにつながりそうな前向きな意見もあった。さらに、「議論の中で見えてくる気付きの意味は大きく、第三の道を皆で探ることができる」と、クロスロードのポテンシャリティを生かしていきたいとする意見もあった。

　ただし、「ひとつの組織で実施すると、多数派の意見が方針を決定づけてしまうかもしれない」ことを懸念する意見もあった。この点は、実際に研修プログラムを組むことを念頭においたとき、重要な示唆を与えてくれるコメントであると考える。確かに、クロスロードは自由な討議がなされることを前提にゲーミングの手法を生かして構成されているため、この前提になんらかの制約がある状況下においては、参加者によい影響を与えるばかりではないことが想像できる。典型的な陥穽としては、単なるマジョリティの意見を追認する“道具”と化してしまうことであろう。

　今回の日本記者クラブ主催の災害報道研修のように、似た業態・業種内で多数の参加者を募って、異なる組織に所属するメンバーが意見を交わすように設計したほうが、クロスロード研修が活性化する可能性がある。

　ところで、さらに自由記述欄には、「メディア内部に限定して実施するのではなく、非報道従事者と一緒にプレイするとよいのではないか」というアイデ

アもあった。立場を異にする学生の意見分布を共有したことによって、ゼロベースで考えを深める契機となったとのことであった。確かに、「思ってもみない意見」を聞くことによって自身の考え方を鍛え直すことができるだろうし、また、「思ってもみない知恵」を得ることによってこそ、"第三の道"が切り開かれる可能性を増やすことができるはずだから、メディア内部に閉じるのではなく、「災害報道版クロスロード」というリスク・コミュニケーションを多種多様なポジションを異にする人々と実施していくことが筆者も望ましいのではないかと考える。それこそがまさに、「メディア・イベントにおけるリアリティの共同構築モデル」が理念として求めていることでもある。

　ジレンマとは、大澤（2008）によれば、たとえばAとB、両者が「異なる共同体・共同性に〈離脱不可能な形式で〉内属しており、そのことを通じて異なる対立的な価値観を抱いてきた」ことによって発生する。となれば、ジレンマの解消は、他者が純然たる他者であるかぎりにおいて、原理的には解決不可能な地平に追いやられてしまう。

　しかし、「災害報道版クロスロード」のアドバンテージは、ジレンマの構造を可視化して他者と共有できることにあった。Aの言いぶんが理解できること、Bの「思考の筋道」が見てとれること、このことを出発点・立脚点にすれば、AがBに譲歩したり、BがAに妥協したり、そしてさらには、AとBが共に利益を享受できるような"第三の道"を切り開く契機が生まれやすくなるのである。クロスロードという独自のコミュニケーション・ツールを介してより多くの他者との回路をつないでいけば、AとB（もしくは、それ以外のCやDやE……）が同じ問題に向き合う「共同性」が生まれて、そこから解法がもたらされる可能性も増えていく。

　ひとつ具体例を示せば、次のようなケースがあげられる。目の前に被災者がいる。水を求めている。取材クルーの一員であるあなたは、撮影隊に支給された限られたペットボトルの水を被災者に与えるか、それとも立ち去るか[6]。この深刻で、しかも繰り返されているジレンマを、問題克服に向けた共同性をベースにして考えるならば、yes or no、all or nothingの地平を超えて、たとえば、「被災地に入る際には、あらかじめ余分に水を持っていくべし」という取材ルールを編み出したり、「被災地のど真ん中の取材は半日に留め、残る時間は物資

を運搬することにリソースを傾けるべし」という方針を構想したり、「被災地で3日働いたら、1日は救援ボランティアしよう」という方針を定めてみたり、「something X」を発想する方向へと歩み出せるのではないだろうか。そしてこれこそが、本研究でいう「災害対応力の向上（ジレンマの軽減／克服）」ということになるだろう。最も深刻な病理は、ジレンマをジレンマとして感じないことである。思考を停止している者は結局、最後までジレンマを感じることはない。

　以上の考察をふまえ、実践的な提言をしてこの章を閉じることにしよう。「災害報道版クロスロード」を報道の現場で実装することについては、以下の4点を考慮に入れるとよいだろう。

　まず1点目は、若手の研修プログラムに意図的に組み込むことである。前節の分析結果をふまえると、報道従事者はかなり早い段階から職場独自のカルチャー（規範）に染まっていくのではないかと考えられる。したがって、その立ち位置や固定観念が強固になる前に、他者との出会いの場をたくさんつくっておくことが望ましいと考える。"メディアの常識は、社会の非常識"と言われないようにするためである。

　2点目は、これもすでに本節で述べたことであるが、ひとつの組織だけでクロスロードのプレイをするよりも、同業他社と積極的に交流するような場を設けて研修をおこなうと、より活性化するものと考えられる。マスメディアだけ、系列の組織だけに閉じることなく、たとえば、マスメディアとローカル・メディア、ネットメディアなど、クロスメディアの観点から研修を企画することの必要性を提言しておきたい。繰り返せば、「他者たる他者」、「十全な意味での他者」に出会えたとき、クロスロードの真価が発揮されることになるだろう。

　そしてこの観点を押し広げて考えるならば、3点目として、非報道従事者と合同で災害報道版クロスロードをすることが強く要請される。それは、実際にはずいぶんコストのかかる、しかも軋轢の生じそうな多難な事業となることが予想されるのだが、逆にいえば、トラブルの"本番"を迎えるまえに小さな軋轢を何度も経験すること——もういちど繰り返せば、それほどまでの強烈な他者とたくさん出会うこと——が、何よりも肝要なのではあるまいか。強い葛藤さえも生じないようなライトな研修ばかりしていても、真の実力（toughness）

は身に付かない。少なくとも災害対応の分野において、失敗も挫折も感じないような予定調和なトレーニングなど単なる自己満足に過ぎないことは、すでに周知の事実となっているはずである。われわれがいま想定している「災害」という事象の原理的な意味合いとは、すなわち、「想定外」という"未知との遭遇"のことなのだから。

　最後に4点目は、したがって、未知（unknown）を既知（known）に変える、あくなき探求の必要性である。災害報道を経験するたびに、クロスロードの設問を数多く生み出していくとよいだろう。それこそ、「緊急報道」、「復興報道」、「予防報道」、すべてのフェーズにおいて多様なジレンマを収集していくことで、災害報道をトータルに強化していくことができるものと考える。

〈補注〉
1）　「クロスロード」は、商標登録をおこなっている。亜流や悪用による混乱を生じさせないためである。この手法に関心を寄せている人たちが、ボランタリーな組織で研究会も実施している。詳しくは、たとえば「神戸クロスロード研究会」のフェイスブックページなどにあたられたい。なお筆者は、クロスロードの開発者のひとりである矢守克也先生の指導のもとで、研究・調査活動を継続しておこなっている。「災害報道版クロスロード」の開発に関しては、これまでに日本災害情報学会などでも報告・発表してきた（たとえば、近藤，2014; 2016; 2017）。
2）　東日本大震災で被災した河北新報社の記録は、最も参考になった文献のひとつである（河北新報社，2011）。
3）　本稿では、少し古いものではあるが、研究室で採取した最もリジッドな2014年のデータ・セットを使用して記述している。
4）　参加登録者にとってみれば、この研修の開催自体が、「目下の災害報道の現場に行くべきか」、それとも「将来に備えて研修に行くべきか」、クロスロードの設問のようなジレンマ状況に置かれていたわけである。
5）　これも実話に基づくクロスロードの設問である。東日本大震災の遺族の中には、遺体安置所に何度も通って、肉親の死を確認した（しようとした）人がたくさんいる。そして、その中には、損壊の激しい遺体の様子を形見として写真に収めた人がいる。このような過酷な"被災死のリアリティ"を知ることが、防災の第一歩だと考えている人はかなりの数にのぼっているものと見られ、筆者自身も実際に同じようなはげかけを遺族から受けたことがある。

　6）　乏しい資源の分配に関連するジレンマは、数多くのジャーナリストが多かれ少なか
　　　れ経験することである。飲み水のエピソードは、笠井（2011）などにも記録されて
　　　いる。

〈参考文献〉

河北新報社（2011）『河北新報のいちばん長い日——震災下の地元紙』文藝春秋.

笠井信輔（2011）『僕はしゃべるためにここへ来た』産経新聞出版.

河田慈人・矢守克也（2012）「ポスト・東日本大震災における津波防災の課題の体系化——
　　　『クロスロード・津波編』の作成を通じて」日本災害情報学会第14回学会大会予稿集,
　　　360-363.

近藤誠司（2014）「災害報道従事者が直面するジレンマ——災害報道版クロスロードの作
　　　成」, 日本災害情報学会第16回学会大会予稿集, pp.160-161.

近藤誠司（2016）「災害報道版クロスロードの開発——報道従事者と非報道従事者の回答
　　　傾向の比較」第35回日本自然災害学会学術講演会講演概要集, pp.139-140.

近藤誠司（2017）「災害報道における遺体描写に関する基礎的考察——報道従事者と大学
　　　生を対象とした判断基準の比較分析」日本災害情報学会第19回学会大会.

日本放送協会（2008）「ＮＨＫ倫理・行動憲章」「行動指針」（平成20年10月15日改定）,
　　　https://www.nhk.or.jp/info/pr/guideline/assets/pdf/guideline.pdf（2021年4月24日
　　　最終確認）

大澤真幸（2008）『逆接の民主主義——格闘する思想』角川書店.

矢守克也・吉川肇子・網代　剛（2005）『防災ゲームで学ぶリスク・コミュニケーション ——
　　　クロスロードへの招待』ナカニシヤ書店.

矢守克也（2014）『被災地デイズ』弘文堂, 116-117.

第8章

実践事例2：早期避難の呼びかけ
──広島モデル──

　本章では、豪雨災害における早期避難に照準した、災害報道をめぐる、ある
ユニークなチャレンジを紹介する。危機が迫るなかで、メディアが果たすべき
役割はきわめて重要である。"本当に"わが身が危難に巻き込まれるかもしれ
ないというリアリティを迅速・適切に醸成することによって、いわゆる"正常
性バイアス"をめぐる議論[1]を超克して、安全サイドに寄せた避難行動を、
不特定多数の人に実行してもらう必要がある（**第4章**を参照）。

　ところで、実際の現場においては、緊急報道をスタートしたときには、すで
にその時点で命を守るという目的に照らして成否が決まってしまっているとい
うことがあるかもしれない。すなわち、リアリティの共同構築性の土台が平素
から培われていなければ、メディアがどのようなアクションをしたとしても、
それは単なる"独り相撲"であって、"空回り"に終わってしまう危険さえあ
るのだ。笛吹けど、踊らず……。しかし、だからこそ、笛の吹き方をめぐる人々
の「関係性」それ自体を、根底からまなざし再構築することが求められる。笛
だけ取り換えても、少々音色を変えても、それは単なる弥縫策に過ぎない。

　このような問題意識をもったうえで、「メディア・イベントにおけるリアリ
ティの共同構築モデル」にあてはめてみたときに、リアリティ・ステイクホル
ダーたちが好循環を生み出していけるような、原理的に永続する取り組みを為
すことは果たしてできるのだろうか。実は、すでに可能性を秘めた実践事例が
現れている。筆者がＮＨＫ広島放送局のアナウンサーたちとアイデアを出し合
いながら、ここ数年、共に模索してきた成果の一端を紹介してみたい。

1　呼びかけの呼びかけ

まず、2018年7月19日まで遡って話をはじめよう。この日、ＮＨＫ大阪放送局18階にある会議室をキーステーションにして、テレビ会議システムを使いながら全国のＮＨＫの（おもに）アナウンサーたちが、災害報道の勉強会をおこなった。筆者は、話題提供者として、直近に起きたばかりの大阪北部地震や西日本豪雨災害などを例にとり、災害報道の課題についてスピーチした。その際に、豪雨災害に関しては、「率先避難者」を生み出すことに加えて、「率先情報発信者」をつくっていくことが、災害情報に対する人々の感受性を高め、社会全体の避難行動を充実化させるのではないかと指摘した。本書のコンセプトに即して言い換えると、リアリティ・ステイクホルダーの編成に着眼して、リアリティの醸成を賦活するアクションをあらたに考案してみてはどうかと提案したのである。

そして具体的には、メディアの役割として"呼びかけの呼びかけ"[2]が重要なポイントになることを示唆した（**図8-1**）。視聴者・聴取者に対して、「まだ、この情報（避難を促す情報など）が届いていないかたが、あなたのまわりにいるかもしれません。ぜひ、早期に避難する際に、ご近所のかたにも声をかけてあげてください。危難が迫っている情報を届けてください」といったアナウン

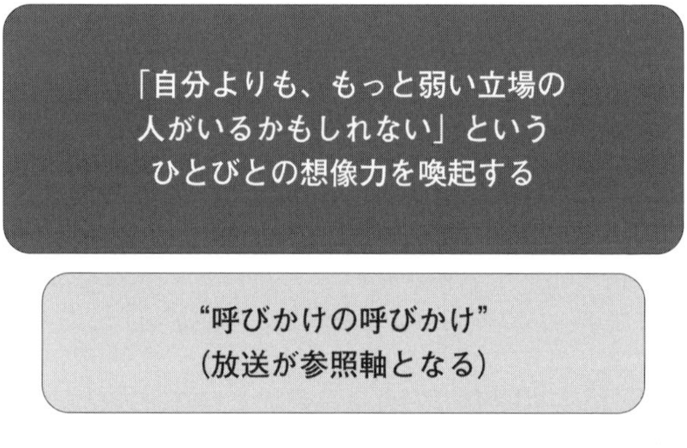

> 「自分よりも、もっと弱い立場の
> 人がいるかもしれない」という
> ひとびとの想像力を喚起する

> "呼びかけの呼びかけ"
> （放送が参照軸となる）

図8-1　ＮＨＫで実施した災害報道勉強会の資料から（2018.7.19）

スコメントを放送で意図的に織り交ぜていくという方略である。

　これはいわば、要配慮者の存在を前提として、放送局側が"先回り"をして緊急時の助け合い行動、すなわち、防災業界でよく言うところの「共助」を促進していくことを意味している。ただしこの時点では、マス（mass）に対してアナウンサーが呼びかける定型フォーマットを想定するのみで、こうした取り組みを日常的な「予防報道」として展開させたり、息長い「復興報道」と連結させたりすることまでは、筆者自身、思い至っていなかった（**第１章**を参照のこと）。

　"呼びかけの呼びかけ"のようなことは、本稿執筆時点（2021年春）においては、すでに日本のどのメディアでも為しているため、読者が特段珍しく感じることはないだろう。だれしもがリアリティ・ステイクホルダーになり得ること、また、弱い立場の人ほど、いわゆる「情報弱者」として逃げ遅れるリスクが高いことなどは、常識の範疇にあるはずである。ただし、少なくとも2011年の東日本大震災発生時には、まだ認識が甘く、こうした緊急報道には多くの課題があったことは、すでに**第４章**で見てきた。

　その後、西日本豪雨１年を機に、ＮＨＫでラジオ特番を放送することになり、私はメインゲストとして出演することとなった（ＮＨＫ広島放送局，2019年7月5日）。テーマは、そのものずばり、避難の呼びかけに関してである。番組のサブタイトルは、「大切な人に避難を促す"ひとこと"とは」だった。

　番組の冒頭で、漆原輝アナウンサーは、リスナーに対して次のように問いかけた。「明日で西日本豪雨から１年。中国地方では今日までに、災害関連死も含め、220人のかたが亡くなるという大きな被害となりました。その中には、早めの避難行動を取ることができれば、助かった命があります。では、どんな言葉をかけたら早めに避難してもらえるのか。この番組では『大切な人に避難を促す"ひとこと"』について考えていきたいと思います」。

　番組には、２つの"仕掛け"があった。ひとつは、事前アンケートである。西日本豪雨で実際に「被害を受けた」人110名に対して、郵送式の調査を実施した。有効回答数は69。このなかで、「実際に避難した」人は41名含まれていた。避難したきっかけを尋ねたところ（MA）、１位は「周辺の環境変化」（23名）であり、危機一髪になってから慌てて逃げた人がいたことがわかった。２位は

「気象庁の特別警報」（16名）であった。佐藤（2021）などによれば、こちらも、場合によっては危難に巻き込まれていたとしてもおかしくない人たちである[3]。そして、その次に多かったのが、「テレビ・ラジオ」、「近所からの声かけ」（いずれも13名）だった。

　ところで、「被害を受けた」人の中であのとき「逃げなかった」という人は28名いた。このうち、「近所からの声かけ」があったにもかかわらず「逃げなかった」人は、わずか1名のみだった。このことを事後的な観点から分析すると、実際に被害を受けるような切迫したエリアにいた人たちにとってみれば、「近所からの声かけ」の有る無しが、重い腰をあげてわざわざ避難するかどうかの分かれ目、"最後の一押し"になっていた可能性がある。

　さて、もうひとつの番組の"仕掛け"は、番組を通してリスナーから、「実際にこんな声かけをしたら避難を促すことに成功した」、「こんな言葉をかけてもらったので、あのとき避難することができた」という実例を募集することであった。

　当初はあまり反響がないのではないかと気を揉んでいたが、そうした心配をよそに、数々の証言が集められた。たとえば、「今ならまだ間に合います」とか、「一緒に逃げましょう」とか、「周りの人を悲しませないで」とか、「逃げるが勝ちよ！」などである（次節の**図8-2**も参照）。ところで、このような切迫感を持った言葉がたくさんあった中で、ひとつだけ、異彩を放つ言葉が見つかった。山に面した一軒家で、妻と大型犬のナナちゃんと暮らしていたAさんのケースだ。Aさんは、普段は雨が激しく降ってきても、ペットがいることなどから避難所には行かず、自宅の中では山ぎわから一番離れた場所にある1階の台所に"居ながら避難"をしていた。しかし、西日本豪雨の際は、知り合いから、「ナナちゃんを連れてうちに来とけばいいじゃん」という電話をもらい、初めて"避難"したところ、自宅を離れている間に土砂が押し寄せてきて、家は倒壊したのだという。Aさんは、「あの電話がなかったら命はなかったかも……」と述懐している。

　たがいに気ごころを知った者同士が声を掛け合って、とりあえず安全サイドに寄せたアクションをとってみる。この「気軽（気楽）さ」、そして強固な「信頼関係」の内では、おそらく"避難"という言葉を明示することなど必要なかっ

たのではあるまいか。ことさら「避難を！」と言うことによって、早期避難の局面においては、かえって心理的なハードルを高め過ぎてしまっているきらいがある。Aさんのケースでは、その課題を無意識のうちに乗り越えていた。愛犬のナナちゃんを"誘い水"にしていたことも重要なのだろう。人は、「自分のため」よりも「だれかのため」という利他性に根差した理由があったほうが、心理的なハードルを容易に飛び越えられることが多い（大澤，2021[4]；矢守，2014[5]）。

　番組を通して、このような共助の実例を見いだせた意義は大きい。成功事例を発掘してみんなが参照していけば、やがて社会の中で公約数的なアプローチを構築することができるかもしれない。しかし、こうした"呼びかけの呼びかけ"、すなわち「まわりの人に呼びかけてください」という呼びかけというマスメディアの定型フォーマットは、いまや効力を失っている可能性がある。新型コロナウイルス感染症の流行拡大の影響である。

　ＮＨＫ広島放送局によれば、2020年6月に、広島県内で西日本豪雨の際に被災した人を対象にしたアンケートをおこなったところ（n＝732）、「大雨などで避難勧告や避難指示が出た場合、自治体が指定する避難所に避難するか」尋ねた設問に対しては、「避難したくない」、または「避難しない」と答えた人が44％にのぼったというのだ。その理由として最も多くあげられたのは、「新型コロナウイルスへの感染が恐いから」（MA、41％）だった。

　さて、こうなってくると、いくらメディアが避難を呼びかけたとしても、人々は動かないだろう。"呼びかけの呼びかけ"を連呼しても、心には届かないかもしれない。知り合い同士の呼びかけがあったとしても、それをもう"一押し"する新たな働きかけが必要になるのではないか。さらにいえば、災害報道の最前線で、視聴者に対する呼びかけ方を、これからも時代状況に合わせて常に改訂・更新する手順を埋め込んでおくことが求められるのではないか。こうした長期展望に対する処方として、いかなる方策を具現化することができるだろうか。

2　呼びかけの呼びかけの新展開

　西日本豪雨から2年が近づいてこようとするころ、ＮＨＫ広島放送局は大き

▼「今まで経験したことがないことが起こるのが災害というものです。気がついたら行動を起こしましょう」

▼「とにかく避難！　自分たちだけでも笑われてもいいからすぐ避難！」

▼「避難を迷っているようなら、避難してからゆっくり考えて」

▼「いま避難しないでいつするの？　いつまでもハラハラしているより逃げた方がいいよ！」

▼「何もないかもしれんけど、とりあえず避難しとこうや～」

▼「救助に来てくれる人にも家族がある」

▼「とにかく避難しましょう。災害に遭ってからでは遅すぎる」

▼「周囲の環境に、普段と違う変化（泥のにおい、石垣から茶色い水が出る）が見られたら、すぐ避難してください。１分でも早く避難してください」

▼「日常と違う異常を感じたら、即避難しましょう」

▼「一緒に逃げましょう」

▼「命を守ることを優先して判断、避難する勇気、行動を起こしましょう。水の勢いは待ってくれません。一瞬です」

▼「危険が迫ってくる。とにかく早く、みんなで避難しよう！」

▼「ナナちゃん（大型犬）をつれて、うちにこない？」

▼「西日本豪雨と同じ降り方だ」

▼「家とか物は壊れてしまってももとに戻るけど、命は戻らない。命があれば何でもできるよ」

▼「もし、あなたが行方不明になったとき、あなたを探す家族の姿を想像したら、ちゃんと避難して災害に遭わないようにしないといけない」

▼「避難できるときに避難！　後からでは誰も助けてくれない！　誰も来られない！」

▼「大事なものは最小限にしてすぐ避難しなさい！　仮に車が心配でも見に行かないように！」

▼「あなたが避難しないことは周囲のみんなに迷惑をかけることになるのだから、早く避難しなさい！」

▼「災害がなかったら避難訓練ができたからよかったと思うくらいの気持ちで（避難を）してほしいです」

図8-2　ラジオ特番で集めた「市民による呼びかけコメント」（抜粋）

く舵を切った。呼びかけコメントの改革を、ローカル・ベースで実践するというものだ。ただしこれは、ＮＨＫ全体の改革の流れに合致したものである。東京から一括して呼びかけるだけではなかなか届かなかった「ラストワンマイル (last one mile)」[6]を、ローカルな取り組みに委ねることで突破しようということになった。

　ここにおいて筆者は、ＮＨＫ広島放送局のアドバイザー役として招聘された。そこで採用したアプローチは、西日本豪雨のラジオ特番で試行した手法をさらに深化させることであった。

　まず、ラジオ特番の際に収集した呼びかけの実例を洗い直した（**図8-2**）。そして、ここから、「共通ワード」を探索してみることになった。たとえば、「一緒に」という言葉は、あちこちで使われていたようなので、この言葉を意識して構文した呼びかけコメント案が編まれるなどした（**図8-3**）。

　この試作コメントに対する筆者からの"素直な"応答は、新規性に乏しく、迫力が足りないのではないかというものであった。ただし、筆者も、アイデア（ブレイクスルー）を持ち合わせていたわけではなかったので、このときのリプライとしては、「たとえば方言を採り入れるなど、もっとフックを効かせてみてはどうか」という穏当なものに留まっていた（**図8-4**）。

　こうして振り返ってみると、筆者自身も、まだ従来方式にとらわれて小手先

◆あなたが避難をする際は
　　近所の人に「一緒に逃げよう」と声をかけて
　　ともに行動してください。

◆あなたの声かけで救える命があります。
　　「一緒に逃げよう」と声をかけて
　　ともに避難してください。

◆身近に高齢者や障害がある人はいませんか？
　　一緒に避難所に向かってください。

図8-3　「一緒に」を埋め込んだ呼びかけコメント案（抜粋）

<全般的な印象として>
・送っていただいたアイデア、どれも大切なワーディングになっていると思います。
・今回の取り組みのポイントは、「広島版・共助の呼びかけコメントの作成」ということですよね。
・言葉に「フックがかかっているのか」を検討すると、少しなめらか（上品）すぎるかもしれませんね。

<一般論として>
・情報の負荷を減らしたほうが、直観で受け止めるので、こころのハードルもさがりやすいと思います。
・「If〜then〜」文は、仮に少しでも条件があわない人にとってみれば、ヒットしない情報に聞こえます。
　　例：あなたが避難する際には誘ってあげて下さい　　（…じゃ、しない場合には、もう無関係？）
・しっかりと「条件項」を聴いたうえでそれが瞬時に判断できないと、思考・行動がフリーズしてしまいがちです。
　　例：安全な家にお住まいならば避難してくるよう伝えて下さい　　（…ええと、我が家は安全だったっけ？）

<アナウンス室の文例を参考にしながらもsomething newを加える>
・アナウンス室の文例を参照しながらも、できるかぎり新規性のある言葉を探索してみましょう。
・（たしかに「局面」をわけて考えていくことも大事ですよね）

関大社安・近藤 2020/8/24

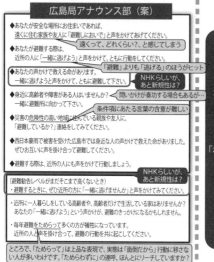

広島局アナウンス部（案）

◆あなたが安全な場所にお住まいであれば、
　遠くに住む家族や友人に「避難においで」と声をかけてあげてください。
　　　　　（遠くって、どれくらい？、と感じてしまう）

◆あなたが避難する際は、
　近所の人に「一緒に逃げよう」と声をかけて、ともに行動してください。
　　　　　（「避難」よりも「逃げる」のほうがヒット）

◆あなたの声かけで救える命があります。
　一緒に逃げようと声をかけて、ともに避難して下さい。
　　　　　（NHKらしいが、あと新規性は？）

◆身近に高齢者や障害がある人はいませんか？
　一緒に避難所に向かって下さい。
　　　　　（問いかけが奏功する場合もあるが…）

◆災害の危険性の高い地域に住んでいる親族や友人に、
　「避難しているか」連絡をしてみてください。
　　　　　（条件項にあたる言葉の含意が難しい）

◆西日本豪雨で被害を受けた広島市でも身近な人の声かけで救えた命がありました。
　ぜひお互いに声を掛け合って避難してください。

◆避難する際は、近所の人にも声をかけて行動しましょう。

（避難勧告レベルがまだそこまで高くないとき）
・避難するときに、ぜひ近所の方に「一緒に逃げませんか」と声をかけてみてください。
　　　　　（NHKらしいが、あと新規性は？）

・近所に一人暮らしをしている高齢者や、高齢者だけで生活している家はありませんか？
　あなたの「一緒に逃げよう」という声かけが、避難のきっかけになるかもしれません。

・毎年避難をためらって多くの方が犠牲になっています。
　近所の人と声を掛け合って、避難の行動を共に起こしてください。
　　　　　（ところで、「ためらって」は上品な表現で、実態は「面倒だから」行動に移さない人が多いわけです。「ためらわずに」の連呼、ほんとにリーチしていますか？）

広島弁・混入バージョン（例）

各地で浸水する危険が高まっています。
安全で高い場所に身を寄せてください。

まだ、情報が届いていない人がいます。
避難するのが「やねこい・しんどい」人もいます。
ひとりで困っている人もいます。
いっしょに行動しましょう。

「避難所に、はよ行こうや」、ぜひ誘って下さい。
「わしの家はマンションじゃけ、ひとまず来んさい」、
知り合いに声かけしてください。

連絡をとりあうと、心が落ち着きます。
たがいに安全な場所にいるのか、確認できます。

手遅れになるまえに、
安全で高い場所に身を寄せましょう。

関大社安・近藤 2020/8/24

図8-4　呼びかけコメントを考える際のメモ（筆者からNHK広島放送局宛てに送信）

の対症療法を繰り出すことに終始していたことがわかる。

　事態は、このあと動き始めた。呼びかけコメントを聞いた人が、もっとわが身に引き寄せて受け止めやすくするには、やはり、リアルな体験に基づく情報がよいのではないかと考え直したのだ。広島を中心とする中国地方であれば、

西日本豪雨の反省や教訓がここでようやく"生きてくる"のではあるまいか。もしそうだとするならば、もういちど体験者を取材しなおして、避難のトリガーに関するエピソードを盛り込んだコメントを考えてみよう……。ＮＨＫ広島放送局では、多忙をきわめる放送事業の合間を縫って、西日本豪雨の分厚い証言集を読み込む作業が始まった。

　その後、西日本豪雨の際に「九死に一生を得たような、避難の重要性を痛感した人たちの体験エピソード」を整理・分類し、体験者の生の声を採取し、アナウンスコメントに落としこんでいった。この作業は、すべて現役の若いアナウンサーたちの手によってなされた。わたしは、次々とあがってくる報告メールを自宅で読んでいただけである。本当にあたまが下がる思いでいっぱいであった。

　ひとまずの完成を見たコメント例を、**図8-5**、**図8-6**に（ごく一部ではあるが）掲げておく。実は、先述した方言で呼びかける案（**図8-4**）に関しては、早々

▼西日本豪雨で被害を受けた広島市安芸区の70代の男性は、
自宅のすぐ裏に山があり、
妻の足が悪く、飼い犬もいるため避難を迷っていましたが、
近所の友人から
「わんちゃんを連れて、うちに遊びにおいで」
（わんちゃん連れて、うち遊びきんさいや）
と事前に電話をもらい、夫婦で避難をしました。

男性の自宅は土石流が流れ込み、全壊しました。
あの日、避難していなかったら「命はなかっただろう」と、
男性は振り返ります。

広島県内の西日本豪雨の被災地では、
身近な人の声かけで救われた命がありました。
ぜひお互いに声をかけ合って、避難してください。

図8-5　呼びかけコメント例（大雨が予想されるとき）

▼西日本豪雨で大きな被害を受けた広島市安芸区の 70 代の女性
は、仕事で外出をしている息子から
「山から離れた場所に、早く避難するように」
（山から離れた場所に、早う避難しんさい）と電話があり、
避難をためらっていましたが、体育館に向かいました。

▼まだ、情報が届いていない人がいます。
避難しているか、連絡をしてみてください。

図8-6　呼びかけコメント例（警戒レベル3の時点）

に「今回は見送りたいと思います」という連絡を受けていたのだが、最終的に
はアナウンサーの力量に応じてトライしてみる（かもしれない）との報告を受
けた。完成コメントには、丸括弧内に示されている。

3　広島モデルのポテンシャリティ

　このような経緯で編まれた新たな呼びかけコメントの文案を読んでも、ぴん
と来る読者は少ないかもしれない。仮に「西日本豪雨級の」といった重たい言
葉を置いたとしても、心に届かない可能性はあるかと思う。ローカルな情報が
組み込まれているのだから、ローカルなエリアにおいて必ず通用するはずだと
思い込むのは、楽観であり早計であろう。
　しかし、このようにして報道従事者が真摯に体験者と向き合いながら地道に
言葉を紡いでいく作業をすることは、「リアリティの共同構築モデル」に照ら
した場合、必ずや相互の信頼関係を強め、情報の感度を高める作用を及ぼすこ
とにつながるものと思われる。情報の発信者、ことばの発話者に対する「親密
性」（intimacy）によって、「あのアナウンサーさんがそこまで言うのであれば、
念のために避難しておこう」という気持ちになる人も増えていくのではないだ
ろうか（近藤，2010[7]）。もしくは、「だったらもっと違う呼びかけをしてほしい」
と、放送のありかたについて能動的に考えて、リクエストやアドバイスをして

くれる"仲間・同志"を増やすことができるのではあるまいか。

　「広島モデル」は、このようなローカルな関係性を再編成することを促進する点において、ポテンシャリティがあると考えられる。言葉の出来・不出来はいわば"二の次"なのだ。ところで、言葉など要らない、アラーム音だけで条件反射的に逃げてもらえばよい、報道側もスイッチひとつ押せばよい……、という極論も聞いたことがある。しかし、それはあたらないだろう。それよりも、「ことば」というアーティファクト（道具・仕掛け）を媒介にして、それを常に更新していくサイクルをみんなが持つことが大切なのだ。豪雨が来るたびに呼びかけは奏功したのか、リアリティ・ステイクホルダーが共にチェックする。うまくいったならば、それを共に言祝ぐ。うまくいかなかったならば、それを共に反省して改善に結び付ける。あらたな体験が為されるたびに、コメントを組み替えていく。こうしてみんなが経験を生かす——単に伝承するのではなくて、リアリティを保持・継承・更新する——機会を得ることにつなげていく。この終わりのない学び合いの循環において、放送を通じた「防災文化」を構築していけばよい。

　付言しておくと、リアルタイムの緊急報道（放送・通信事業）に対して、活字メディアは「われわれの主戦場ではない」と考えて、すこし遠慮しているところがあるかもしれない。しかし、「検証」、「改善」という作用を賦活化するためにも、放送メディアだけでなく、より多くの多様なメディアが参画して、上述したような取り組みの好循環を支えていけるとよいのではないだろうか。活字メディアが、緊急報道における放送メディアのふんばりを検証してみるのもよいだろう。もちろん、切磋琢磨という文脈で。

　ちょうど本稿を執筆しているとき、ＮＨＫ広島放送局から連絡が届いた。呼びかけコメントのなかに盛り込んだエピソードの事実関係に、小さなミステイクがあったというのだ。そのささやかなミステイクは、おそらく、変更しなかったとしても視聴者は気づかなかっただろう。しかしそれでも、ファクトベースでコメントを紡ぎ、継承していく以上、こだわりの改訂作業は閉じることはない。年月を重ねるごとに、「広島モデル」はタフになっていく可能性が開けている。大勢が注視し、大勢が参画すれば、その実現はきっと可能である。このアクションを、「災害報道2.0」とでも呼んで期待を寄せたいと思う。

〈補注〉

1） ここで「いわゆる」という言葉を敢えて挿入した含意としては、心理学用語を物知り顔で振り回す皮相な“ニュース解説”などそろそろ卒業して、共同実践の当事者になることを志向したほうが建設的なのではないかという自戒・反省がある。詳しくは、矢守（2009）を精読のこと。なお、矢守（2021）では、「正常性バイアス」の一般的な理解は、完全にトートロジー（同義反復）であるとして退けられている（p.111）。このことを、矢守（2011）では、次のように説明している。「人々が事態を楽観視することが問題であり、楽観視を防がねばならないから、楽観視しないように教育しよう」（p.69）。本書の**終章**ですこしだけふれる「メディア・リテラシー」という言葉も、同じようにプラスチック・ワード（意味内容が不鮮明な、あるいは空疎な乱用語）に堕しているふしがある。ところで、特にメディアは、“専門家的な”言葉に弱いようである。鶴見俊輔の言を借りて吉川浩満が指摘しているように、それは「言葉のお守り的使用法」に過ぎない（吉川，2021）。科学というアプローチは、われわれに重要な示唆を与えてくれるが、科学偏重主義からは原理的に言って真理に到達することはできない。

2） ＮＨＫの内部報告書などにおいても、一部このワーディング——“呼びかけの呼びかけ”がそのまま採用されている。

3） 土砂災害を研究している佐藤丈晴（2021）の言を借りれば、「大雨特別警報は土砂災害の発生履歴を全く考慮していない」ので「事前避難を考慮するうえで役立たない」ということになる。なお、当時の住民の状況に関しては、谷山（2019）も参考になる。

4） 大澤（2021）は、障害児援助等をめぐって寄付金を集める高校生の活動に対して、金銭的な報酬があるグループと無報酬のグループで、どちらのほうが大きな成果を得ることができたか調査した結果を引照している。その結果は、後者、すなわち無報酬のグループのほうが好成績であったという。金銭的インセンティブなどによる善行を、純粋な利他性は質的に変えてしまう。資本主義の論理を内破するポテンシャルがあることの好例として紹介されている。ただし本章では、他者の避難行動を支援するという具体的な他者を想定した利他性にのみ焦点をあてている。

5） 矢守（2014）では、自分のことは棚にあげて、わが子が交通事故に遭うかもしれないことを気に掛ける親のことを例に引き、その現象を「心配性バイアス」と名付けている。自分が交通事故に遭うかもしれないと案じることは難しかったとしても——それこそ、それを「正常性バイアス」に嵌っていると指摘するにしても——、愛しい人を案じることは、いともたやすいことを常識的に教えてくれている。もしこれが真正だとするならば、そのような親密な関係性を基軸としたアクションを構想してみるのも一計であろう。“呼びかけの呼びかけ”というアクションは、まさにこの第

密圏における相互作用を念頭において発想された。

6）「ラストワンマイル」は、おもに通信業界で、家庭や企業のユーザーに接続サービスを提供する際の最終工程を指して使われていたジャーゴンであるが、ここでは、「玄関先まで公的な避難の情報は届いているはずなのに、それが適切に受け止められて活用されていないこと」の意味に転用している。

7）筆者らは、2010年チリ地震津波災害の際、高知県高知市の調査のなかで、「あの人が言うならば、ひとまず避難所に行っておこう」と行動した住民のエピソードを採取している（近藤・矢守・奥村，2011）。ただし、このときの"あの人"とは、危機管理部局の行政職員だった。

〈参考文献〉

近藤誠司・矢守克也・奥村与志弘（2011）「メディア・イベントとしての2010年チリ地震津波——ＮＨＫテレビの災害報道を題材にした一考察」『災害情報』No.9, pp.60-71.

ＮＨＫ広島放送局（2019年7月5日）「中国！ちゅ〜もく！ラジオ　西日本豪雨災害から1年　大切な人に避難を促す"ひとこと"とは」.

大澤真幸（2021）『新世紀のコミュニズムへ——資本主義の内からの脱出』ＮＨＫ出版.

佐藤丈晴（2021）『土砂災害に備える——命を守るために知ってほしいこと』吉備人出版.

谷山宏典（2019）『ドキュメント豪雨災害——西日本豪雨の被災地を訪ねて』山と渓谷社.

矢守克也（2009）「『正常化の偏見』を再考する」『防災人間科学』東京大学出版会, pp.103-129.

矢守克也（2011）「正常化の偏見」『防災・減災の人間科学——いのちを支える、現場に寄り添う』（ワードマップ）矢守克也・渥美公秀編著，近藤誠司・宮本　匠著, pp.66-71, 新曜社.

矢守克也（2014）「これからのこれから——近未来の防災気象情報」『災害情報』No.12, pp.47-51.

矢守克也（2021）『防災心理学入門——豪雨・地震・津波に備える』ナカニシヤ出版.

吉川浩満（2021）『理不尽な進化　増補新版——遺伝子と運のあいだ』筑摩書房.

第9章

実践事例3：KOBE虹会

本章では、「リアリティ・ステイクホルダー」のコミットメントのありかた
に着目して、ひとつの実践事例を紹介したいと思う。兵庫県神戸市を拠点とし
て、2006年から筆者らが中心となって実施してきた、防災・減災に関する交
流の「場」づくりである。

もうすこし説明を加えておくと、防災・減災に興味や関心を抱いている人た
ち、すでに何か取り組みを始めている人たち、仕事や学業で災害に向き合って
いる人たちなどが出会い、たがいのリアリティを確かめることができる「場」
である。敢えて他の類似の取り組みとコントラストを付けた注釈を付するなら
ば、これは「勉強会」や「学習会」、「研修会」などでは "ない" というところ
が肝となっている。また、「メディア」、「専門家」、「行政」などの限られたカ
テゴリーのメンバーしか参加していないようなグループ[1] とは、構成も姿勢
も雰囲気も大きく異なる。

なお、この章で述べる実践は、エビデンスに基づくリジッドな検証をして効
果を測定しているわけではないので、ライトエッセイとして読んでいただけれ
ば幸いである。

1　溶け合うことばたち

ひとつの「場」に人々が集まり、ことばを交わすとき、同じことばであって
も、最初はそこに込められている意図や思いが通じない、ミスマッチが生じる、
誤解されてしまうときがあるだろう。たとえば、これから本節で詳しく紹介す
る「KOBE虹会」というミーティングの名前に含まれている「KOBE」と
いうことばも、きっとそうしたギャップを孕んだ代表例／典型例なのではない

かと思われる。

　この「ＫＯＢＥ」ということばは、単に「神戸」という地名のローマ字表記ということに留まらず、阪神・淡路大震災（1995年）をめぐる経験の総体を表象しようとする「神戸の地」としてのシンボリックなリアリティがある。だから、大阪や同じ兵庫県の尼崎・西宮・芦屋や、淡路島や明石などを排除しようといった意図はさらさらなくて、逆に、あのとき、被災地の中心にいた人もそうでない人も、被害を受けた人もそうでない人も、支援などの理由で外から中に入った人も、避難生活などの理由で外に出た人も、すべて含めて、ともに一緒に考えていこうという思いが込められている。もちろん、震災が起きたときに大人だった人も、子どもだった人も、まだ生まれていなかった人も、そして、お亡くなりになった人さえも、その存在は、すべて包摂しようとしている。「ＫＯＢＥ」に関わりがあるかぎりにおいて、皆一緒、"連帯"（solidarity）の地平に立っている[2]。

　しかしやはり、「ＫＯＢＥ」ということばを口にするとき、それぞれの立場やそれぞれの経験によって、どうしてもその思いにずれが生じてしまうときがある。このずれを感得することが、たがいにとって重要な作用を及ぼす。筆者のみるところ、そのずれをずれとしてまずは認めていくことが、「ＫＯＢＥ虹会」のスタンスのひとつとなっている。

　阪神・淡路大震災で住宅に被害を受けた人とそうでない人では、経験に大きな違いがあるだろう。避難所で生活したかどうかも、認識に差が生じる原因となる。まして、肉親を失った人とそうでない人とでは、超えられないほどの意識のギャップがあるに違いない。また、震度7の揺れを経験したか否かも、大いなる違いを招くものとして受け止められている。さらに、ビジネスパーソンなのか、行政職員なのか、ＮＰＯに所属しているのか、報道従事者なのか、大学教員なのか、学生なのか、地域の防災組織で活動している人なのか、そのいずれでもないのか、自分自身の立場の違いからリアリティのベースラインが異なることも多い。そしてもちろん、性別や年齢など、属性の違いによっても、ことばの背後に感得されるリアリティは異なるはずだ。微視的に見ていけば、もう千差万別、多種多様で、だれひとり同じ人などいない[3]。

　そうした認識をまずは持った上で、それでもわれわれは、「防災・減災につ

いて、この機会にちょっと考えてみようかな」と、同じように「思う」ことができている。このとき、「考えようと思う」その「対象」に関しては、ある程度の一致をみていると言ってもよいのではないか。そうであるならば、すくなくとも、今ここで、同じ「場」に集えたことは「思いの一致」のひとつの体現なのであって、すこし大袈裟に言えば、これは言祝ぐべき"奇跡"であると言える。リアリティの共同構築を為す実践の「場」は、"奇跡"的な出会いに立脚している。

　さて、そうした「場」において、ともに時間をすごし、語らい、しかもお酒など飲みながらわいわい騒ぐ[4]、そんなことを繰り返していると、ことばに「化学反応」が起きてくる。たとえば、しだいにことばのリアリティが重なっていく、シンクロしていくときがあることが感じられるのだ。「ああ、そうそう、それそれ！」、「あれれ、奇遇ですね、自分が言いたかったのは、そういうことなんですよ」、「なんか、以前にも言ったかもしれないけど／いや、それを最初に言ったのは、おれじゃなくきみだったかな、ま、だれでもいいんだけどね」、など……。そこからはもう、ことばを尽くして説明しなくても、互いにわかりあえてしまう。言う前から、わかってしまっているということが起きる。また、たとえば、相手が頻繁に使っていたことば——口癖とか、決まり文句とか、ネタとか——が、知らぬ間に自分の中に入り込んできていて、自分にとって馴染みの深いことばに成り替わっているときがある。いわば、ことばが"伝染"[5]してしまったような現象である。こうしたことばの「化学反応」は、もちろん、そのわずかな違いが激烈な分断・反目を引き起こすときもあるのだけれども、どちらかといえば、響き合い、さらには「溶け合う」方向に進んでいく。それは、まったく単一・同一のものに併合・合成されるということではなしに、ひとつのことばの器の中にうまく調合されブレンドされて"味わい深くなる"というイメージである。時が経つと、熟成さえしていく。ことばが、芳醇になる。そして、「ことばの創造力」（近藤, 2016）が豊かになっていくのである。このような見通しをもちながら、「ＫＯＢＥ虹会」の取り組みの具体をみていこう。

2　他者との交歓

　「ＫＯＢＥ虹会」は、筆者と、京都大学防災研究所の矢守克也教授とで、2006年に神戸で結成した。いや、「結成」というのも大仰すぎる表現であって、イタリア料理店で千円のパスタランチを食べながら、「なんか、集まりたいよねえ」とつぶやきあい、そのことばに突き動かされて試行錯誤を重ねてきたというのが実態である。以降、２カ月に１回くらいの頻度で、ゆるゆると、知り合いに声をかける程度の働きかけだけで、集まりの「場」づくりを続けてきた（**写真9-1**）。

　2020年末までに、合計69回、おこなわれた（**表9-1**）[6]。ここまで続いたことは、正直いって驚くほかないのだが、しかしそこにはやはり、何かしら理由があったように思えてならない。

　「ＫＯＢＥ虹会」の「場」の第１部は、たいてい夜７時から貸し会議室などでスタートして、夜９時くらいにいったん終了する。集まる人の数は、十数名から、多くて二十数名。当初は、数名しかいないこともしばしばであった。「ＫＯＢＥ虹会（こうべにじかい）」という名前をふまえて、この第１部の「場」

写真9-1　ＫＯＢＥ虹会の様子（第49回から）

2015年5月28日　筆者撮影

を「二次会（にじかい）」と呼び、したがって、このあと開かれる酒宴の席——通常は定番の焼き鳥屋さん——は、「三次会」（さんじかい）と呼び慣わしている。はじめて参加する人は、まずこのことばに戸惑うことになる。「にじかい」の「場」を閉じたあとで、すぐに「じゃあ、このあと三次会に行きましょう！」との声かけが始まると、「え？　一次会の宴さえ開いていないのに？」というユーモラスな応答がなされることになる。ちなみに三次会は、終電もしくは閉店まで続く[7]。

　メンバーの属性はまさに多様で、行政／企業／ＮＰＯ／メディア／大学というカテゴリーは、すべて網羅している[8]。特徴的なのは、全体の半分近くが若者——大学生の場合が多いが、高校生が来たこともある——であること、そして、全体の半分近くが女性であることである。防災関連の研修会などに顔を出すと、ご年配のかた、しかも男性で埋め尽くされているさまをよく見かけるものだが、それと比較した場合に、「ＫＯＢＥ虹会」は、男女比、年齢構成比が完全に逆転しているときが多い。

　さて、ここまで書き進めてみると、読者は単なる「懇親会」のように感じてしまうかもしれない。そこで、そもそもこの「場」では、一体なにをしているのかを説明してみよう。メインの「にじかい（虹会）」のほうに関して端的に時間構成をまとめると、よくあるパターンとしては、まず、参加者全員の自己紹介と近況報告、次に、話題提供者1〜2名からの実践報告、そして残りの時間はすべてフリーディスカッションという流れになっている。

　実践報告の中身は（再び、**表9-1**を参照）、一方的な講義というものではなくて、また、最新情報の提供や解決策・処方箋の提案といったもの（だけ）でもない。この「場」で志向されていることは、「防災・減災・災害復興の分野において、今〜をしながら、〜を考えている」という、個々人のリアルな心情、すなわちリアリティの発露である。考察や総括などは不要で、疑問とか迷いとか葛藤とか、そうした素朴な思いを、ゴロンと投げ出してしまう。そのため、まずもって自身に問いかけている、自分に向かってことばを紡いでいる人も多いようだ。

　参加者は、持ち回りで話題提供者になる。誰かが教える側で、誰かが教わる側といった、固定化した関係性があるわけではない[9]。このような枠組みは、当初から意図的に設計されていたというのではなくて、ユニークなことに、お

表9-1　KOBE 虹会の歩み（表中敬称略）

日付	回数	内　　容
2006年 6 月15日	第 0 回	準備検討会　パスタランチの誓い
2006年 7 月11日	第 1 回	情報交換会　（虹会という名前がついたのは第 2 回からです）
2006年 8 月21日	第 2 回	話題提供①　『生活防災を考える』（矢守）
		話題提供②　『11月の防災イベントについて』（井汲）
2006年10月18日	第 3 回	話題提供①　『災害ボランティアの今』（渥美）
		話題提供②　『キャンペーンちょこぼうのアイデア』（近藤）
2006年12月29日	第 4 回	話題提供　『舞子高校環境防災科の実践から』（諏訪）
2007年 2 月15日	第 5 回	話題提供　『学習指導要領に即した防災教育』（舩木）
2007年 3 月22日	第 6 回	話題提供　『震災メッセージからの学び』（近藤・井上）
2007年 5 月22日	第 7 回	話題提供　『能登半島ボランティア報告』（岸本・河田）
2007年 7 月 9 日	第 8 回	話題提供　『阪神・淡路大震災から何を学ぶか』（住田）
2007年 9 月 5 日	第 9 回	話題提供　『加古川グリーンシティ防災会の取り組み』（大西）
2007年10月22日	第10回	話題提供　『ウィーンで考えていること』（矢守）
2007年12月28日	第11回	話題提供　『震災の語り部さんたち』（高野）
2008年 2 月25日	第12回	話題提供　『震災13年　最近おもうこと』（渥美）
2008年 4 月 3 日	第13回	話題提供　『プラスアーツの取り組み』（永田）
2008年 5 月12日	第14回	話題提供　『安全と安心について』（近藤）
2008年 8 月25日	第15回	話題提供　『SIDE ネパール帰国報告』（SIDE）
2008年10月 9 日	第16回	話題提供　『震災・防災とわたしの関わり』（福井）
2008年12月15日	第17回	話題提供　『防災の取り組みを広げるには』（平林）
2009年 2 月13日	第18回	話題提供　『地域の防災活動を通して考えていること』（高木）
2009年 4 月 9 日	第19回	話題提供　『津波災害　世界の復興に学ぶ』（奥村）
2009年 6 月14日	第20回	語り部グループ1995のみなさんとのコラボレーション
		話題提供　『いまここから始まる防災』（矢守）
2009年 8 月29日	第21回	話題提供　『四川そしてネパールからの学び』（鈴木）
2010年 2 月 4 日	第22回	阪神・淡路大震災15年の 1 月17日をどのように過ごしましたか、それ ぞれの報告
2010年 4 月26日	第23回	ＮＶＮＡＤの皆さんとのコラボレーション
2010年 5 月25日	第24回	話題提供　『四川大地震の被災地における学校支援・心理支援』（兼田）
2010年 8 月 2 日	第25回	話題提供　『奥尻島17年　教訓と課題』（定池）
2010年 9 月21日	第26回	話題提供①　『ベトナムで取り組みたいこと』（兼田）
		話題提供②　『災害体験者の手記を分析する』（高森）
2010年12月15日	第27回	話題提供①　『防災を考える』（小山）
		話題提供②　『クロスロード星和台版』（吉本）
2011年 6 月30日	第28回	東日本大震災情報交換会
2011年10月 5 日	第29回	話題提供①　『岩手県野田村と神戸をつなぐ取り組み』（渥美・矢守）
		話題提供②　『仙台と神戸をつなぐ取り組み』（高森）
2011年12月21日	第30回	話題提供　『環境防災科10年の歩みと学び』（諏訪）
2012年 2 月 2 日	第31回	話題提供①　『防災活動の中で疑問に思うこと』（大西）
		話題提供②　『クロスロード星和台版の最新情報』（吉本）
2012年 4 月19日	第32回	話題提供　『震災と家族』（魚住）
2012年 6 月20日	第33回	話題提供　『新潟中越の被災地で学んだこと』（宮本）
2012年 8 月27日	第34回	話題提供①　『エルサルバドルのＢＯＳＡＩの取り組み』（中野）
		話題提供②　『サマーナイトの取り組み』（吉本）
2012年11月 1 日	第35回	話題提供①　『シン・チャオ　ベトナムのＢＯＳＡＩの取り組み』（兼田）

		話題提供② 『台湾の"明星災区"に関して』（李）
2012年12月6日	第36回	話題提供① 『京都市深草地区における地域防災の取り組み』（竹本）
		話題提供② 『高知県四万十町興津地区における津波避難の取り組み』
		（近藤・矢守）
2013年2月6日	第37回	話題提供 『いわてGINGA-NETの活動を通して考えたこと』
		（木村・牧口・河田）
2013年4月8日	第38回	話題提供① 『神戸消防の取り組みを通して考えたこと』（大津）
		話題提供② 『会社の取り組みを通して考えたこと』（谷）
2013年5月22日	第39回	話題提供 『防災教育の現場から』（諏訪）
		話題提供② 『岩手県野田村で感じたこと考えたこと』（塩田）
2013年7月24日	第40回	話題提供① 『芦屋市の取り組みを通して考えたこと』（今石）
		話題提供② 『JICAの取り組みを通して考えたこと』（平野）
2013年10月3日	第41回	話題提供① 『障がい者は明るい』（吉本）
		話題提供② 『クロスロードの取り組み』（吉本）
2014年3月24日	第42回	話題提供 『虹に向かって一歩一歩』（近藤）
2014年5月26日	第43回	話題提供 『京丹波ケーブルテレビジョンの取り組み』（西村）
2014年7月31日	第44回	語り部グループ1995のみなさんとのコラボレーション
2014年9月29日	第45回	語り部グループ1995のみなさんとのコラボレーション
2014年11月20日	第46回	話題提供① 『防災を考え直す』（松田）
		話題提供② 『わたしと防災のかかわり』（黒田）
2015年1月26日	第47回	阪神・淡路大震災20年の1月17日をどのように過ごしましたか、それ
		ぞれの報告
2015年3月25日	第48回	東日本大震災4年　平林さんプロデュース　神戸の若者はどのように
		関わったのか
2015年5月28日	第49回	話題提供① 『防災・減災のありかたを考え直す』
		（うさぎぴょんぴょんチーム・石原）
		話題提供② 『復興支援ボランティアを引率して考えたこと』（同・河田）
		『まとめのおことば』（同・兼田）
2015年7月30日	第50回	語り合い　20年前、10年前、いま、そして10年後
2015年9月28日	第51回	話題提供　（伊勢）
2015年12月17日	第52回	話題提供　（高井）
2016年2月1日	第53回	話題提供　（京田、積田）
2016年3月22日	第54回	話題提供　（津田中OB、長町・吉田）
2016年5月30日	第55回	話題提供　（奥村）
2016年7月25日	第56回	話題提供　（安部・高橋）
2016年12月5日	第57回	話題提供　（宮本）
2017年5月15日	第58回	話題提供　（諏訪）
2017年8月30日	第59回	話題提供　（寺本）
2017年11月14日	第60回	話題提供　（室﨑、石田）
2018年3月14日	第61回	東日本大震災7年　最近、なにしてる？
2018年5月15日	第62回	話題提供　（西村）
2018年8月8日	第63回	話題提供　（岡田）
2018年12月3日	第64回	話題提供　（泉谷）
2019年3月18日	第65回	話題提供　（兵庫県立大・減災復興政策研究科チーム）
2019年5月28日	第66回	話題提供　（河田）
2019年9月9日	第67回	話題提供　（大西）
2019年12月16日	第68回	話題提供　（石原）
2020年9月7日	第69回	オンライン：みんな、コロナ禍でどうしてる？

のずと、こうなっていったというのが、筆者の見立てである。

　いちいち証拠を提示するのも詮ないことであるが、フラットな関係性をみんながこの「場」に求めていたことを思い知らされた機会があった。それは、たまたま参加者の人数が予想していたよりも多くなった回での出来事であった。普段は、みんなの顔が見えるということもあって、会場内は「ロ」の字型にテーブルと椅子を並べている（再び、**写真9-1**）。しかしこれでは、20名を超えると「ロ」が大きくなり過ぎてしまう。そこで、あるとき早目に会場に着いた筆者が、講義形式の状態にテーブルと椅子を並べてスタンバイした。すると、後から到着した大勢のメンバーからブーイングが巻き起こったのだ。「ええ？　なんか、不自然やんか」、「やっぱり、こういうんじゃないんだよね」、「ロの字に並べ替えようよ」……。結局、大きくて不細工な「ロ」をつくるはめになった。しかし「場」の雰囲気としては、「それでいいんだ」、「虹会はこれでなきゃ」といった空気に満ちあふれていた。つまり、「ＫＯＢＥ虹会」のメンバーは、誰もがいつでも“横並び”になっている。この会合に事務局はあるのだけれども、リーダーはいない[10]。

　よくよく考えてみれば、リーダーは不要なのだ。「ＫＯＢＥ虹会」では、「場」に参加する以外の共通したアクションをとらない。何か目標を立て、それを成し遂げるといったことは一切していない。何かをするときには——それこそ、防災に関するプロジェクトやイベントを企画・開催するときなど——、集ったメンバーの任意の組み合わせで、「ご随意にどうぞ」といった感じで進んでいく。長期間継続しているのに、「ＫＯＢＥ虹会として、協力して～する」というアクションは、一切とってこなかった。きわめて不思議でもあり、しかし、振り返るとそれがいちばん自然だったと思える。

　さて、ここでひとつ、「ＫＯＢＥ虹会」の第１部の様子を素描してみよう。第49回（2015年５月28日実施）の場面である。この回の話題提供者は、「うさぎ年うまれ」の２人で、30歳前後（当時）の若手社会人の男女ペアだった。彼／彼女からみて、防災・減災の取り組みや被災地支援とは、結局どういう意味や価値があることなのか、そして、自身からみた次なる若手世代——このふたりのイメージでは、20歳前後、現役の大学生くらい——に、なにがどこまで受け継がれているのか、そのような主題をめぐる自身のリアリティが披瀝された。

　最初のひとりは、「二次未来」[11] というキーワードを出しながら、百年以上先の未来に、防災・減災の取り組みが持続していくためにはどうしたらいいのか、そんな壮大な、しかしきわめて本質的な疑問を提示してくれた。この疑問が生まれた背景には、いま現在の防災・減災の取り組みを垣間見ていると、それなりに活況を呈しているようにみえて、結局は「防災が商品化されている」きらいがあるということであった。防災・減災の裾野を広げるためには、暮らしの中に根差した「生活防災」[12] が求められる。しかし、自分よりも若い世代にこの「生活防災」を伝えようとすると、どうしても興味・関心を惹くことが優先されてしまい、「商品としての防災」というドライブに加担してしまいかねない。その結果、防災・減災の取り組みを、賞味期限の短い、その場かぎりのものに縮減してしまうおそれがあるというのだ。この話題提供に関しては、年配のメンバーやビジネスパーソンのメンバーから、「確かにそうだねえ」、「痛いところを突かれました」と共感する声があがり、「その問題意識をふまえた先にどういうやりくちがあるのだろうか」と、一緒に展望を切り開こうとする声なども寄せられた。

　ふたり目の話題提供は、東日本大震災の被災地支援に学生ボランティアを引き連れていった経験をふまえて、若い世代——30歳前後ゾーン——がとらえた、さらに若い世代——20歳前後ゾーン——の"ゆゆしき傾向"という内容であった。たくさんの印象的なフレーズを紹介してくれたのだが、筆者が特にユニークだと感じたのは、「なんなん？」と「なんで？」ということばをめぐるリアリティのギャップであった。いずれも、関西弁のイントネーションとニュアンスで語られているので、本書の読者が文字を読む限りにおいて、すぐにこのギャップが腑に落ちるのか心許ないところではあるが——ちなみに筆者は、関西弁ネイティブではないので、本当にわかっているのかさえあやしいのであるが——すこしことばを補って説明してみよう。まず、「なんなん？」ということばは、ニアリーイコール、「だめだ／いやだ」という、強い否定や反発する感情が込められているようである。そして、このことばを、大学生くらいの若者層たちが被災地で多用したというのだ。内陸部にあった支援拠点と沿岸部の被災現場が離れていてバス移動がたいへんだった際に、まず、「なんなん？」——すなわち、効率が悪いから、主催者のやりくちはまるでダメじゃないかという不満

——、がれきがすでに片づけられていて支援メニューは別の地味な内容になった際にも、「なんなん？」——すなわち、だったらおれたち居てもしょうがないじゃんという不平——、足をふみ入れた現場がテレビに出てくるような有名な被災地ではなかった際にまで、「なんなん？」——すなわち、自分が思っていたイメージと違うから、あとでＳＮＳにアップして自慢しづらいぞという嘆息——。

　話題提供者の分析によれば、これらはすべて「自分目線／自己中心的」であり、自分が勝手に描いていた「目的＝復興支援」にとらわれていて、実際には相手を見ていない、被災者を見ていない、もっと言うと「成果／手柄」だけを求める言動だということになる。そこで、この事態に対して話題提供者は、「なんで？」——この際の発声のしかたは、関西弁のなかにあって、ごくやわらかな、たおやかな、それでいてまっすぐなものである——ということばを対置させながら、自分の思いを語ってくれた。この「なんで？」ということばには、「そこにはどういう事情があるのですか？」という、事態の本質に向かおうとする能動的な働きかけのスタンスがセットされている。否定ではなくて、肯定や理解に向かうための模索のプロセスとして発声されているというのだ。平たく言えば、気遣いがある。そして、今こそこの温かい関西弁、「なんで？」を使うことによって、われわれはもっと「視野を広げて」、もっと「仲間になれるはずだ」、そのようなメッセージを同席しているＫＯＢＥ虹会のメンバーに投げかけて、スピーチが締めくくられた。

　フリーディスカッションにおいては、「ＫＯＢＥ虹会」のメンバーから、「なんなん？」ということばが出てきてしまった現場の事情にも、もっと慎重に配慮し、ふところ深く受け止める余地、すなわち、「なんなん？」をすぐに「なんなん？」で撥ね返さないためのこころの余裕が必要なのではないかといった声や、確かに成果主義／業績主義に陥って眼前の成功ばかりに気をとられている場面が日常的にも散見されるといった共感の声、そして、ならばもっと「無根拠性」——やむにやまれず、とるものもとらず、といった思い——を賦活することも大事なのではないかといった声もあげられた。

　ことばをめぐるリアリティは、このようにして他者のリアリティと重ね合わされるなかで、円熟味を増していく。ここにおいて、こうした「場」を形成す

るための基盤となっているのは、短視眼的に設定された「目的」（objective）
——小手先の防災・減災テクニックを開陳して他者に優越すること[13]——な
どではなくて、長期展望で未来を構想するためにわれわれが手放してはならな
い「ビジョン」（vision）——いのちの奇跡を慈しみあえる生の充溢（コンサマ
トリーな時間感覚の復権）[14]——のほうなのではあるまいか。

3　共同性のポテンシャリティ

　上述してきた「ＫＯＢＥ虹会」の取り組みのなかから、そのポテンシャリティ
を抽き出しておこう。フラットな"横並び"の関係性を前提として、ことばを
溶け合わせていく——たがいのリアリティを重ね合わせていく——実践には、
他者のことばを通して自己を創造し直していくことができる可能性を秘めてい
る。これは、「知見」やら「要諦」やら「情報」やら、そういった"お得なも
のだけを速攻でゲットする"行為とは、一線を画している。ことばを溶け合わ
せていくことは、すなわち、ひとが人として「考える」ということの核心なの
だ。
　日本語の古語において、「考える」とは、「かみがふ」、すなわち、「か・身・
交ふ」であるという（小林，2014; 近内，2020）。「か」は、接頭語で、「身・交
ふ」は、身体を交絡させることを意味している。ごく簡単に言えば、それは他
者と交流することである。他者と交わることによって——ただしもちろん、多
くの場合、それはことばというアーティファクトを媒介として使わざるをえな
いわけであるが——、われわれは自己を更新していく。こうして為される「コ
ミュニケーション」とは、原義に照らせば、「コミュ（共同性）」をつくること
なのである（矢守，2016）。「コミュ（共同性）」の中で、われわれは、ようやく
真に「か・身・交ふ」ことができる。これは、英語の世界にもあてはまる。他
者の魂が自己の魂と交わり、自己を内的に揺さぶること、これが、「inspire」（in・
spirit）、つまり「ひらめく」ということの本義である（安田，2014）。このとき
自己は、他者と自己の"あわい"にある。
　さて、この章の最後に来て、ようやく「ＫＯＢＥ虹会」の「虹」ということ
ばを説明する準備が整った。なぜ、この名前が付いているのか。「ＫＯＢＥ虹会」

のメンバーにとって、「虹」とは「理想の防災」のことを意味している[15]。みんなのいのちを守り、救い、そして支えることのできる「究極の防災」。しかしそれは、決して手に届くものではない。見据えているのに、決して到達することのできないもの、それを象徴するのが、「虹」である。今われわれは“横並び”になって、謙虚な思いで「虹」を眺めている。そしてたがいを思いやり、ビジョンを確かめあいながら、「虹」に向かって歩んでいく。もちろん、絶対の「正解」など見つかることはないだろう。それでもたゆまず努力を重ねていく。そんな生きざまが共有された「コミュ（共同性）」を構築していくことこそが、防災・減災のアクションの真なるステップだと言えるのではないだろうか。

　災害報道の分野において、それは単なる“きれいごと”であって、客観的にみれば単なる“仲良しクラブ”で戯れているに過ぎないと、シニカルに揶揄する人もいるだろう。確かにそういう一面があることも事実ではある。しかし、だからこそ、「虹」の存在はきわめて重要になる。集った仲間には、「虹」がくっきりはっきり見えている必要がある。その共通の認識、すなわちビジョンがあってはじめて、われわれは「虹」をまなざす、かけがえのない「場」に居続けようとするのだ。いのちをめぐる問題群を扱う「防災・減災」の分野には、だから、“本場・本物・本気”のエッセンスを欠くことはできない。リアリティの共同構築とは、単に「情報」を伝達しあう集合的な行為とは決定的に次元を異にしている。それは、「魂の共振／生の創造」とさえ言いうる“連帯”のかたち、人類にとって本源的な営みなのだ[16]。

　閉塞しがちな予防報道や復興報道に魂を吹き込むのも、緊急報道を実質化させるのも、こうした迂遠に思えるアプローチでじっくり取り組んでみることが——本気でコミットメントしてみることが——、突破口になるのではないだろうか[17]。

〈補注〉

1）　日本国内には、災害報道に関する勉強会が各地に存在する。たとえば、東海エリアで長く取り組みを続けている「NSL（Network for Saving Lives）」、関西に本拠を置く「関西なまずの会」、仙台を中心にして精力的に活動を続けている「みやぎ防災

減災円卓会議」などが有名である。筆者は、2017年に、日本災害情報学会の学会大会でシンポジウム「つながる、つなげる── 災害情報の地域ネットワーク」を企画して、これらのネットワークのコアメンバーたちにご登壇いただいたことがある。インターローカリティを賦活するためには、このようなローカルなネットワーク同士をつなげていく、"ネットワークのネットワーク"が必要となる。

2）　「連帯」と「連携」の違いに関しては、あらためて、**終章**で述べる。

3）　したがって、微視的だけでなく巨視的に見ていくことが要請される。だれひとり同じではないのであれば、だれともわかりあえるはずがない、という原理的なアポリア、「共約不可能性（incommensurability）」の問題に関しては、**終章**で述べることになる。

4）　もちろんこの箇所では、「ビフォーコロナ」の頃を述懐しているのであって、今でも全く同じようにしているわけではない。「アフターコロナ」では、また違った所作が求められる所以である。

5）　ここでは、「感染的模倣（ミメーシス）」をめぐる宮台や大澤の議論を想起している（宮台，2008; 2009; 大澤・宮台，2010）。

6）　新型コロナウイルス感染症の流行拡大が起きてから、オンラインミーティングも試行している。しかし、以前のような盛り上がりに欠けるのは事実である。この点の制約や課題に関しては、また稿をあらためて記述する機会をもちたい。フィールドワークをめぐる「社会的なつながり」（social connecting）の変容に関しては、近藤（2020）を参照のこと。

7）　繰り返しになるが、この箇所は「ビフォーコロナ」の記録である。

8）　**第3章**で述べた「メディア・イベントにおけるリアリティの共同構築モデル」のリアリティ・ステイクホルダーを網羅しているということになる。このことを敢えて明示した理由は、多くの災害報道の「勉強会」なるものが、「市民のために」と標榜しながらも、実際には市民の参画を歓迎していない（ようにみえる）からである。誤解のないように付記しておくと、「勉強会」の意義は重要である。ただし、「勉強会」に参画するリアリティ・ステイクホルダーの多様性に関して、あらためて注視をしてみるとよいだろう。場の「開放性（openness）」に関しては、**終章**を参照のこと。

9）　この点も、敢えて明記しておいた。ＫＯＢＥ虹会では、「講師」にゲストスピーチを頼んで学習しているわけではないので、原則として、話題提供者に「講師謝礼」を支払うことはしない。焼き鳥屋の飲食代金が免除される栄誉にあずかれるのみである。

10）　オールドメソッドであるが、メーリングリストだけでつながっている。

11）　真木悠介（1971）の議論から着想しているものと思われる。

12）　矢守克也（2005）の議論などを引照しているものであろう。

13)　フランシス・フクヤマ（2019）の「テューモス」（承認欲求）の議論を想起せよ。

14)　ここで多くを述べる余裕がない。いずれ別稿で論じることになるだろう。すでに、矢守克也（2016）などにおいても深い議論が展開されている。

15)　ご本人は覚えていないかもしれないが、「虹」という言葉を冠することを提案されたのは、大阪大学の渥美公秀先生である。もともとは「虹の会」というアイデアであったが、高齢者の施設などで見受けられるネーミングであることなどから、そのままの採用には至らずに、「の」を外して「虹会（にじかい）」と圧縮されることになった。

16)　「連帯」と「連携」の違いに関しては、あらためて、**終章**で述べる。人類にとって、連帯が本源的な営みであることは、たとえば、ユヴァル・ノア・ハラリなどがコロナ禍によせて提唱している（ハラリ，2020; ダイアモンド，2020; 大澤，2020; 出口・鹿島，2020）

17)　筆者はテレビ局に勤めるかたわら、2006年から2014年まで「ＫＯＢＥ虹会」の主宰を続けていた。なお、大学に籍を移してから現在においても事務局を続けている。

〈参考文献〉

近内悠太（2020）『世界は贈与でできている──資本主義の「すきま」を埋める倫理学』News Picks パブリッシング.

ダイアモンド，ジャレド（2020）「独裁国家はパンデミックに強いのか」『コロナ後の世界』大野和基編，文藝春秋，pp.10-47.

出口治明・鹿島　茂（2020）『世界史に学ぶコロナ時代を生きる知恵』文藝春秋.

FUKUYAMA, Francis（2018）*IDENTITY: THE DEMAND FOR DIGNITY AND THE POLITICS OF RESENTMENT*, Farrar Straus & Giroux〔フランシス・フクヤマ（2019）『IDENTITY：尊厳の欲求と憤りの政治』山田文訳，朝日新聞出版〕

ハラリ，ユヴァル・ノア（2020）「脅威に勝つのは独裁か民主主義か──分岐点に立つ世界」『コロナ後の世界を語る──現代の知性たちの視線』朝日新聞社編，朝日新聞出版，pp.54-66.

小林秀雄（2014）『学生との対話』国民文化研究会・新潮社編，新潮社.

有馬明恵（2007）『内容分析の方法』ナカニシヤ出版.

近藤誠司（2016）「ことばによる減災アクション」『現場でつくる減災学──共同実践の五つのフロンティア』矢守克也・宮本　匠編，新曜社，pp.134-163.

近藤誠司（2020）「コロナ禍における社会的なつながりの再考──地区防災活動の中に見出された関係性の変容をめぐる基礎的考察」『地区防災計画学会誌』第19号，pp.71-80.

真木悠介（1971）『人間解放の理論のために』筑摩書房.

宮台真司（2008）『14歳からの社会学——これからの社会を生きる君に』世界文化社.

宮台真司（2009）『日本の難点』幻冬舎.

大澤真幸・宮台真司（2010）『「正義」について論じます』（THINKING O 第8号）左右社.

大澤真幸（2020）「不可能なことだけが危機をこえる——連帯・人新世・倫理・神的暴力」『思想としての〈新型コロナウイルス禍〉』河出書房新社編集部編, 河出書房新社, pp.2-32.

矢守克也（2005）『〈生活防災〉のすすめ——防災心理学研究ノート』ナカニシヤ出版.

矢守克也（2016）「減災学をつくる」『現場でつくる減災学——共同実践の五つのフロンティア』矢守克也・宮本　匠編, 新曜社, pp.2-26.

安田　登（2014）『あわいの力——「心の時代」の次を生きる』ミシマ社.

第IV部　到達点からの展望

第10章
COVID-19 とインフォデミック

第IV部では、「メディア・イベントにおけるリアリティの共同構築モデル」を手にしたいま、われわれはその知見をふまえたうえで、どのように「現代」と向き合っていけばよいのかを展望する。

本章では、本書執筆時点（2021年春）において、世界中で困窮をきわめている新型コロナウイルス感染症（COVID-19）に関して、その解決を遠ざけているようにさえみえる「インフォデミック（infodemic）」の問題構造を腑分けする。

そして次章（**終章**）で、リアリティの地平からまなざすことの課題や限界を提示しながらも、その要諦とポテンシャリティについて述べる。

1 インフォデミックの情況

高度情報社会において、おもにインターネットを介して急激に大量の情報が氾濫し、実社会に絶大なる影響を及ぼすことをインフォデミック——informationとepidemicによる造語——と呼ぶ。一説によれば、2003年、SARS（重症急性呼吸器症候群）が流行した頃から使われるようになった言葉だと言われている（青木，2020）。『災害情報学辞典』(2016)、『現代ジャーナリズム事典』(2014)、『メディア用語基本事典』(2011) には、インフォデミックの項目は見当たらないことから見ても、近年、新たに注目され流布してきた言葉であると言えるだろう[1]。

2020年に入って世界的な感染拡大を引き起こした新型コロナウイルス感染症をめぐっては、WHO（世界保健機構）が、当のウイルスの流行がパンデミックの状態にあることを認定するまえに、インフォデミックの警戒を呼び掛ける[2]ほど、多種多様な情報が入り乱れ、"情報爆発"の様相を呈していた（WHO，

2020a）。その「情報拡散力」は、2003年のSARS流行時と比べて68倍にもなるとの指摘もある（日本経済新聞社，2020年4月5日）。

　メディカルジャーナリズム勉強会によれば、2020年元日から4月末までの4カ月間で、日本国内において生み出された新型コロナウイルス関連の記事や動画などのネットコンテンツは、確認できるだけでも約43万件あるという（東洋経済ONLINE，2020年5月10日）。

　筆者自身も、日本最大の新聞社の記事検索データベース（ヨミダス歴史館）を使って分析をおこなった結果、2020年の1月上旬から毎週のように記事本数が増え、コロナ禍の記事が出現し始めて15週で、1週間あたりの記事の量は約500倍に増加したことを見出している（近藤，2020a）。そのなかには、インフォデミックという言葉を見出しに掲げた論説も数多く含まれており、この言葉自体が事象の流行を駆動する動力源にもなっていたことがうかがえる。

　ところで、社会が混乱した局面に至ると、社会が従来から抱えていた課題や矛盾が拡大したかたちで噴出する場合が多い。これまで潜在化していた“些事”が加速度的に増幅・強調され、“大事”として顕在化・焦点化するからである。そのことと相即的に、些事が些事では済まされないという鋭敏な感覚を社会自身が持つに至る。本書の文脈に引き寄せて解釈すれば、これがすなわち、社会のリアリティの変動をあらわしている。

　なお、当該事象（COVID-19）は、まだ進行中であるため、広大無辺な情報環境のなかにおいて筆者の目にとまるトピックはごく限られたものでしかない。入手したデータに関しても、規模の大きい報道機関によるオープンソースをできる限り利用しているが、確度に限界があることは否めない。しかしそれでも、この章を本書のなかに挿入することにしたのは、インフォデミックの“渦中にある”という限界や制約も含めて、いまのうちに内在的な記録を残しておくこと——社会のリアリティを対自化しておくこと——に価値があると考えるからである。本章のもとになった論考は2020年5月の段階で執筆したものであるが、当時の状況を保存するべく、以下、できる限り手を加えずに掲載することにした。

　さて、議論の中身に入るまえに、ここでひとつ、前提となる視座を共有しておきたい。ウルリッヒ・ベックが世に広めた「リスク社会」という概念である

(Beck, 1986＝1998)。

　ベックによれば、科学・技術の進展にともなって工業化・産業化が推し進められた結果、われわれの社会はあらたな危険の到来を招くことになった。その危険を統御するために、さらにあらたなテクノロジーを開発し導入する——すなわち、「危険をリスク化」する（市野澤, 2014）——ことによって、またあらたな危険を生み出す結果となっている。この再帰性の渦のなかに、われわれは好むと好まざるとにかかわらず、すでに、常に、投げ込まれていると考えられる。

　ところで、この閉塞した状況は、高度情報社会の鏡像そのものであるとみなすことができるだろう。市野澤（2014）の言うとおり、「リスクは物理的な実在として存在するものではなく、あくまでも（危険／事物の）リスク化という認識的な運動としてのみ我々にとって意味を持つ」。したがって、本稿で考察するインフォデミックに関しても、当のインフォデミックに対してなされるあらゆる言説行為は、原理的にいえば当該事象に何らかの作用を及ぼしていることになる。ここでさらにふみ込んでいえば、“われ関せず”という態度表明さえも——すなわち、何らかの情報を発出する行為をしなくても——、それがひとつの情報となってインフォデミックという現状を維持することに加担してしまう。リスクの相貌は、偏在しながらも遍在していて、個人化していながらも社会化していることに、われわれは無自覚であってはならない。

　以上の観点をふまえて、COVID-19をめぐるインフォデミックの潮流のさなかにあって、本章では大きく3つの特徴的なアポリア——社会のリアリティを混濁させているダイナミズム——を剔出しておきたい。

　先に共通点だけ簡潔に述べておくと、どのアポリアも、コロナ禍が生じるまえからもともと存在した問題群ばかりであるということがあげられる。“アフターコロナ”、“ポストコロナ”、“ニューノーマル”あるいは“ニューノーム”を急ぎ足で論じるまえに“プレコロナ”こそ見直したほうがよいとする言説があるとおり、高度情報社会に関する問題群で新たにセットされたイシューは、スケールやバリエーション、組み合わせの新規性・複雑性を除外すれば、本質的には、ほとんど何もないと言ってよいだろう。

　そして、もうひとつの共通点として指摘しておかなければならないことは、

インフォデミックの諸相は、功と罪、光と影、プラスとマイナスの両方の特性を同時にあわせもっていること、それらはいずれも循環的であり、予想以上に振れ幅が大きいことである。また、実社会という情報環境のなかでは、すべてのノイズ——misinformationであれ、disinformationであれ、mal-informationであれ——を消去して、情報取得における"ゼロリスク"を達成することなどおよそ不可能であることは認識しておかなければならない。この点は、本章の第3節であらためて検討することになるだろう。

2　インフォデミック禍のリアリティ

（1）真偽の未定性・不定性

　インフォデミックを象徴する事象として、デマやうわさが大量に流布することがあげられる。インフォデミックの光と影のうち、この「デマ」に関する闇は巨大である。

　「デマ」とは、言葉の定義としては、悪意があることが前提となった情報操作や情報介入のことである。たとえば、今回のコロナ禍に即して言えば、「1982年に出版された本のなかで中国の武漢を発端として新型肺炎が流行することがすでに予言されて」いて、まさにそのとおりのことが起きているといった類いの情報が該当する（Reuters, 2020年2月28日）。また、新型コロナウイルスに感染して亡くなったコメディアンの親友を騙るTwitterアカウントや、おなじくコロナで亡くなった女優の息子を騙るTwitterアカウントが多数発生して、素知らぬ顔をして情報をばらまいていたことなどもあてはまるだろう。

　次項で指摘する内容にも関連しているが、「感染者の3割が在留外国人」、「フロリダで中国人がマスクを買い占めて強制捜査がおこなわれている」（BuzzFeed, 2020年4月2日）などの情報のように、差別的な感情のもとでだれかを貶めることを意図した偽情報、いわゆるヘイトスピーチの類もデマにあたる。

　海外では、デマによって多くの実害が発生した事例も報告されている。イランでは、アルコールを飲めばコロナウイルスを撃退できるとのネット情報を信じて、密造酒を飲んだ人たちが27人死亡したと報じられた（AFPBB, 2020年3月20日）。また、イギリスでは、「新型コロナが感染拡大しているのは5G（第

五世代移動通信システム）が原因」だとする陰謀論がネット上で広まり、複数の電波塔が放火される事件などが起きている（The VERGE, 2020年4月4日）。

　こうした事案を列挙すると、誤った情報には、もともとねじ曲がった動機や認識が背後にあるのだから、それをサーチして糺せばよいと考えがちである。しかし、これも一例だけ示すと、4月の上旬には、愛知県警が広報課の公式Twitterで「深く息を吸って10秒我慢し、咳や息切れがしなければ新型コロナウイルス感染の可能性は低い」などの誤った情報を投稿し、その後、謝罪する事件が起きた（たとえば、朝日新聞, 2020年4月13日）。このようなケースでは、およそ悪意と断ずるような動機には欠け、どちらかといえば善意に基づく情報提供であったことが推察される。この情報を見て即座にリツイートした人たちは、「これは役に立つ情報に違いない」という親切心から行動していたという[3]。善意が"裏目"に出てしまったバージョンであるとみなすことができる。

　さらに、フェイスマスクをめぐる言説は、混迷をきわめていた。微細なウイルスはマスクを通過してしまうので効力がないという情報（たとえば、時事ドットコム, 2020年4月8日）がある一方で、ある程度はリスクを低減することができるという情報（CDC, 2020）がカウンターとなり、マスクをしていない人を排除する動きが強まった。しかし、それでも医療用マスクは数が限られているので、医療従事者に優先配布すべきであって一般には推奨すべきでないとするメッセージ（WHO, 2020b）が強調されるなど、様々な言質があふれた。重要な発信元となっているWHOやCDCの情報にもゆらぎがあり、巷間では意見や態度を異にする人を指さして「デマを拡散している」と指弾し合う結果ともなった。

　こうして、事の真偽が判定できない状況下で、それでも適応的な行動をしなければならないため、ラウドスピーカーに翻弄される事態が各国で生じていたものと見受けられる。アメリカ・ニューヨーク州クオモ知事（当時）の声明には、その困難性が端的に次のようなフレーズによって表出されていた[4]。I'm frightened by this virus, …… because the facts keep changing.

　ただしクオモ知事の言葉には、まだ、「いずれは真偽に決着がつくはずだ」という期待が残されているようにもみえる。しかし実際には、この「確信／核心」自体がゆらいでいることを看過してはならないであろう。たとえば、コロ

ナの由来・来歴に関する情報は、科学性よりも政治性を強く帯びはじめている
ため、もはや最終的に真偽は不確定のまま終わる可能性もある。仮に当局から
「確定した」といえる情報が発出されたとしても、そのファクトの信頼性を担
保する基盤を社会が失っている以上、"確定報"という情報は宙に浮いたまま
となるだろう。「あれはデマだ」と断ずる情報こそがデマや都市伝説の端緒に
なり得る。この極相が、リスクに関わる情報の再帰性の問題であると考えられ
る。

（2）分断と連帯

　インフォデミックを象徴する事象の2つ目は、先に闇の側面を強調して見て
おくとするならば、情報が人々の分断を苛烈にすることである。

　本来であれば、新型コロナウイルス感染症という世界共通の課題と対峙して
いることが社会で認識されればされるほど、ベックのいう「リスクを前にした
連帯」が実現しそうである。しかし、実際にはまず、逆向きのドライブ、加速
度的なスピードで深みに嵌る悪循環が生じていたと考えられる。

　たとえば、日本社会においては、集団感染のクラスターが発生した特定の大
学を執拗に攻撃する事案（たとえば、毎日新聞, 2020年4月10日）が起きたり、
「#コロナ疎開」というツイートが急増して県境を越えて移動する人々を理由
のいかんを問わず排除する事案（たとえば、朝日新聞, 2020年4月13日）が起
きたりした。さらに、特定の国の人が感染を持ち込んでいると差別（たとえば、
YAHOO! JAPAN, 2020年4月4日）したり、特定の職業の人が感染を広げてい
ると差別したりする事案（たとえば、河北新報, 2020年5月22日）も後を絶た
なかった。「自粛警察」（たとえば、現代ビジネス, 2020年5月30日）という独
善が、社会で多発しているとの報道もあった。

　日本赤十字社（2020）が早くから示していたとおり、新型コロナウイルスに
感染すること以上に、不安や憎悪などの「こころのウイルス」に感染すること
が人々に災いを及ぼすようになっていたものと考えられる。そして、こうした
負のスパイラルを打ち消すためになされた善意の情報提供が、かえってスティ
グマを印象付けてしまうという「社会的逆機能」（social dysfunction）が生じ
ていた傾向がうかがえる。

　しかしそれでも、闇の中に光が見えていなかったわけではない。国際的な機関なども早くから「solidarity（連帯）」をスローガン[5]にして多様な取り組みを進めていたし、ローカルな現場では、既存のつながりを活用して、「連帯」を具現化させていた。自治体レベルでいえば、姉妹都市・友好都市を基軸とした物資の贈与などがこれに該当する[6]。そして、こうした取り組みに関する情報は、人々のつながりを再認識させ、次なるアクションに向けた励みとなるように作用していたものと考えられる。遠く離れた連携先の苦難を告げる数々の情報があったからこそ、具体的な支援にまで結実したのだといえる。この点は、グローバルに展開するインフォデミックの闇の中でも、一条の光を射す希望となっていた。

　しかしもういちどふみとどまって検討しておくと、「連帯」のゾーニングを既存のつながりで固めてしまうことは、結局は、その境界の向こう側を「排除」することを意味する。手を取り結ぶべき「われわれ（we）」と言ったときの「われわれとは、一体誰のことなのか？　（Who are "WE" Problem）」。これまでに、すでに深く議論されてきていたインクルーシブ社会の困難性という課題が、今回のコロナ禍によって前景化したに過ぎないことを、われわれはあらためて認識しておかなければならないだろう。

（3）可視化と不可視化

　インフォデミックを象徴する事象の3つ目は、多くの情報が「ある」こと自体の効能、もしくは帰結、すなわち、「事態の可視化（見える化）」である。ごくシンプルにいえば、情報が存在することによって、微細で目に見えないウイルスの存在が「見える」ようになった。

　さらにこれを、最近の情報テクノロジーの進展とあわせて俯瞰してみれば、たとえば、感染流行の拡大が、即座に地図化されグラフ化され、手にとるようにしてトレンドがわかるようになってきている[7]。「クラスター」や「ロックダウン」、「オーバーシュート」などのことば群が氾濫するなかにあっても、リスクのイメージが可視化されていることによって、ある程度は社会が共通の視座を確保することができていたようにみえる。新型コロナウイルスの存在自体を否定する言説（陰謀論など）は確かにあったが[8]、その量は全体からすれば

限られたものであった。

　人から人に感染することを防ぐために、日本社会では「stayhome」や「三密の回避」（厚生労働省，2020）というアクションが唱導された。この対策の効果を推し量るために、街中の混雑具合を可視化するサービスもすぐに開発された。そしてすでに、感染者と濃厚接触したかどうかを個々人の携帯端末に通知するサービスなども実現可能となっている[9]。これらの情報提供は、プライバシーの侵害という新たな危険を内包していて、システムの不調などによる新たな混乱さえもすでに生み出しているが、リスク社会を制御するためのひとつの常套手段になろうとしている。

　また、可視化の進展は、最も脆弱な人たち (the most vulnerable)[10] の存在を、われわれが明示的に捕捉する道筋を与えようとしているかにみえる。妊婦がさらされるリスク、乳幼児がさらされるリスク、障害児・者の苦難、難病患者の窮地、外国人などマイノリティたちの孤立など、だれがどこでどのような支援を求めているか、多様な情報がわれわれに示唆を与えてくれる[11]。

　情報が共有されることによって、具体的な問題が解決されていくプロセスを、われわれはリアルタイムで多く目撃することになったといえよう。一例をあげておくと、手話通訳者の口元がマスクに覆われると、手話の内容が読み取りにくくなってしまうという事例（たとえば、沖縄タイムズ，2020年4月23日）があげられる。アメリカの大学生が透明なマスクを制作しはじめ（たとえば、COURRIER JAPON，2020年4月8日）、日本でもいち早く兵庫県内の団体が制作を手掛けた（たとえば、神戸新聞，2020年4月15日）。同じようにして、インドネシアなど世界各国で同様のムーブメント（たとえば、AFPBB News，2020年4月28日）が生じた。こうして、聴覚障害者が平素からどのような苦難を背負っていたのか、あらためて社会は共有することになったものと考えられる。

　ところで、インフォデミックには、功と罪の両側面があると述べてきた。この観点に照らして確認すれば、可視化されたこともあれば、その一方で、やはり不可視化されたこともある。情報の量が爆発的に増加して、他の情報が埋没する事態も起きている。新型コロナウイルス感染症がWHOによってパンデミックの状態にあることが認定された2020年3月11日は、日本では東日本大震災9年目の日であった。この春には、「復興五輪」でにぎわうはずだった東北の

今を伝える情報は減ってきていた（近藤，2020b）。特に、発災当初から報道の量が少なかったエリアは、マスメディアにはほとんど見向きもされない状況が続いている。2020年4月14日・16日に震災4年を迎えた熊本地震の被災地も同様である（近藤，2020c）。

　さらに、可視化された領域においてこそ不可視化が進んでいく事態にも注視しておかなければならないだろう。たとえば、先にあげた「感染者数」をグラフィカルに、そしてリジッドに伝えようとするあまり、「感染が判明した人（PCR検査で陽性の結果が出た人）の数」に過ぎないことが世間では見えにくくなってきているきらいもある[12]。また、死者の数がカウントアップされていくことに慣れてしまって、特個の命が奪われていることに対する感性も鈍磨し、死者のまわりに渦巻く具体的な悲苦が見えにくくなっている可能性もある。ニューヨークタイムズやイタリアの新聞メディアが心を砕いているような、死者の一人ひとりを想起する取り組みもあるが[13]、全体としては、大量の死に無頓着になりはじめている傾向がうかがえる。

　こうしてわれわれは、切実な情報を身近に感じる経験をすることがないままに、その出来事や事実をまるでなかったことにして、早く事態を終息させようとする「日常の慣性」に押し流されてしまう危険に、常に接しているといえるだろう。

3　情報のワクチノロジー

　以上、インフォデミックにおける、大きく3つのアポリアを概観してきた。
　インフォメーションのエピデミック（epidemic＝局所多発的流行）はパンデミック（pandemic＝世界的流行）の域に達して、筆者の見るところ、すでにエンデミック（endemic＝流行の常態化）として捉えるべきステータスにあると考えられる。
　実践的・実存的な観点からいえば、インフォデミックの個人化したリスクは、遍在しながらも偏在している。したがって、情報のアクセシビリティを確保する手立てを講じることは、依然として重要である。たとえば、国民生活センター「新型コロナウイルス感染症を口実にした消費者トラブル」のウェブサイトなどにアクセスして過去の事例を確認するなどして、わが身を守ることができる

人とそうでない人がいるが、この情報格差の是正は早急に進めなければならないだろう。同様に、「ファクトチェック・イニシアティブ」[14] などの取り組みがあることを知っている人とそうでない人のギャップにも目を向けて、事態を改善していかなければならない。

ところで、大澤（2011）が鋭く指摘しているとおり、情報をめぐるポストモダンな状況は、"ふたりのジャック"が主張している両極を見据えることからはじめなければなるまい。ジャック・デリダは、どのような意味においても情報は届かないと主張した。これは、情報の発信者の真意を純粋に複写して伝達することなどできないという原理的な困難性を指し示している。一方のジャック・ラカンは、どのような意味においても情報は届いてしまうと主張した。これは、情報の宛先がどうであれ経路がどうであれ、めぐりめぐって社会に対して情報は何らかの作用を及ぼしてしまうという原理的な帰結を指し示している。両者の主張は、いずれも正しい。

含意と示唆を平易に解釈すれば、以下のようになるだろう。われわれは単純素朴に、情報を伝えれば相手はわかってくれる、それで物事が解決に向けて進みだすと短絡する愚を回避しなければならない。それと同時に、情報は伝えてもどうせ相手には伝わらない、なにをやっても無駄だと放擲・諦観する短絡の愚——「共約不可能性」のまえで思考停止すること——も回避していかなければならない。

われわれがここで想起すべきは、リソースとしての「時間」であると考える。結論を急ぐことによって自分自身を追い詰めていくことから、まずもって自分自身を、さらには社会を掬いださなければならない。

ある対談の中で、評論家の萩上チキは「むしろインフォデミックに巻き込まれながらも、政治性や科学性をメタに認知し合いながらコミュニケーションする」ことを提案し、そもそも「（常に重要性が強調される）メディア・リテラシーはあまり役に立たない」と主張している（BuzzFeed, 2020年5月25日）。高度情報社会の病態を直視する際に、ときおり、「敢えて情報にふれずにおくこと、情報を遮断すること」などを推奨するナイーブな提案も散見される。もちろん、不安な感情が過酷なまでに亢進した状況においては、こうした処方が奏功する場合もあるだろう。しかし根本として、これだけの情報があふれる社会がグロー

バルに展開されていることを前提とするならば、"情報の無菌室"で生き続けることのほうがより困難であることは自明の理であろう。厳重にマスクを重ね過ぎた結果、呼吸ができなくなるような愚は避けなければなるまい。「情報をシャットダウンせよ」という掛け声は、ときにこのようにアンバランスに作用する。

　となれば、ある程度の夾雑物があることを前提に、能動的に情報を受容して、"情報のワクチン"を打ち、社会の構成員が互いに情報のリスク耐性を高める方略を採ることも視野に入れておく必要があるだろう。これこそが、ポストモダニズムの情況をふまえた「情報のワクチノロジー（vaccinology of information）」である。

　萩上の主張の後段、「メディア・リテラシーは役に立たない」という主張は、ここで重要な意味を帯びてくる。それは、スキルアップすればいずれ"正しく"情報を読み解く力が持てると過信させる古典的な楽観主義を捨て去り、情報環境のなかに蔓延る「インフォウイルス」と共生すること——それは、まさにウィズ・コロナのスタンスと類比的である——を覚悟するタフな身構えの謂いである。このことは、決して空論などではなく、リソースとしての「時間」を味方につけた社会実践として、たとえば、宇野常寛らの「遅いインターネット」の運動などに、すでに萌芽を見ることができる（宇野, 2020）。このとき、本書では、リアリティの地平からまなざすことでわれわれの足場を補強していくことを主張する。「情報のワクチノロジー」とは、すなわち、「正解」さがしに躍起になってたがいの違いを見つけては排除し合うことに終始するのではなくて、そのときその場で、たとえ思惑の異なる構成員同士であったとしても「成解（社会的成立解）」（岡田, 2008）を探索し続けるねばり強い態度を身に宿すことを志向している。情報を清濁併せのみ、情報の背後にあるリアリティにふれようとすることは、ときにアレルギー反応から"発熱"する事態を招くかもしれない。しかしそうした試行を積み重ねていくなかで、タフでレジリエントな「情報耐性」を身に付けていくのである。

　このような情報社会のパラダイムシフトにわが身を投じるかどうかは、実はリスク社会の到来を前提に措いた時点で、もはや選択の余地がないこと——自分は何もしないという不作為も、ひとつの選択（何もしないことを選び取った行

為）に含まれてしまうこと——は、あらためて言明するまでもないだろう。インフォデミックに適応する道行きは、まだ不透明でかなり険しいが、だからこそ、多様なリアリティ・ステイクホルダーたちとのインタラクションを通じてたがいのリアリティを重ね合わせていくことにしか、脱出路は見出せないものと考える。

〈補注〉

1）　さらに、たとえば秋山隆平の2007年の著作『情報大爆発』（宣伝会議）を読んでみると、そこでは情報の拡大流行現象に関しては詳しくふれているものの、「インフォデミック」という言葉は使用されていない。

2）　今回のCOVID-19に関してWHO世界保健機構が「infodemic」という言葉で注意を喚起した端緒としては、2020年2月2日のレポートのうち、以下の箇所をあげることができる。Novel Coronavirus（2019-nCoV）Situation Report-13「Managing the 2019-nCoV 'infodemic'」, https://www.who.int/docs/default-source/coronaviruse/situation-reports/20200202-sitrep-13-ncov-v3.pdf?sfvrsn=195f4010_6（2020年6月15日情報最終確認）。そして2020年2月15日にミュンヘンで開催されたテドロス事務局長の記者会見において（当のウイルス以上に）インフォデミックに留意すべきことが指摘された。https://www.who.int/dg/speeches/detail/munich-security-conference（2020年5月31日情報最終確認）

3）　関西大学社会安全学部生の中で実際に当該案件のリツイートをおこなった学生から証言を得た。

4）　2020年5月17日（日本時間）、Twitterを通してメッセージを発表している。https://twitter.com/NYGovCuomo/status/1261703387172581376（2020年5月27日情報最終確認）

5）　早期のメッセージとしてはたとえば、WHOの事務局長がWHO Director-General's opening remarks at the media briefing on COVID-19-16 March 2020の中で、「The days, weeks and months ahead will be a test of our resolve, a test of our trust in science, and a test of solidarity.」と述べている。https://www.who.int/dg/speeches/detail/who-director-general-s-opening-remarks-at-the-media-briefing-on-covid-19---16-march-2020（2020年6月1日情報最終確認）

6）　早期のものとしては、たとえば、神奈川県川崎市が、2020年1月31日に実施。「姉妹都市・中国瀋陽市に対し、新型コロナウイルスへの対応のための支援物資（サージカルマスク）の提供を行います」, http://www.city.kawasaki.jp/templates/press/

170/0000114477.html（2020年6月1日情報最終確認）

7) たとえば、yahoo混雑レーダーなどが著名であろう。https://map.yahoo.co.jp/maps?layer=crowd&v=3&lat=35.681277&lon=139.766266&z=15（2020年6月1日情報最終確認）また、他にも「いつもNAVIラボ」の「混雑マップ」などもある。https://lab.its-mo.com/densitymap/（2020年6月1日情報最終確認）

8) たとえば、以下のようなニュースが配信されていた。JB press（2020年4月30日）「新型コロナ陰謀論、ひたすら拡散するウイルス」, https://jbpress.ismedia.jp/articles/-/60270（2020年6月1日情報最終確認）

9) 以下のような記事がある。たとえば、産経新聞社（2020年4月13日）「緊急事態宣言から14日で1週間　オフィス街ひっそり　商店街も閑散」, https://www.sankei.com/life/news/200413/lif2004130095-n1.html（2020年6月1日情報最終確認）。さらに、日経BPクロステック（2020年5月19日）「アップルとグーグルの、濃厚接触通知サービスを調査」, https://xtech.nikkei.com/atcl/nxt/mag/ne/18/00001/00133/（2020年6月1日情報最終確認）。そして、日本社会では、たとえば、ナショナルジオグラフィック（2020年5月22日）「新型コロナ『接触通知アプリ』はどれほど有効なのか」（川端裕人）, https://natgeo.nikkeibp.co.jp/atcl/web/19/050800015/052100011/?P=1（2020年6月1日情報最終確認）に記された議論をふまえながらも、厚生労働省は「新型コロナウイルス接触確認アプリCOCOA」を導入した。しかし、その後、このアプリケーションの不具合が明らかになるなどして、システム自体の信頼性が揺らぎ続けている。

10) 今回のコロナ禍において「the most vulnerable」という言葉を多用していた人物として、アメリカの元大統領、バラク・オバマ氏をあげることができるだろう。https://www.obama.org/stories-hope-coronavirus-response/（2020年6月1日情報最終確認）

11) 代表的な記事をあげておくと、ＮＨＫ NEWS WEB（2020年5月22日）「働く妊婦守るため日本労働弁護団が緊急の提言　新型コロナ」, https://www3.nhk.or.jp/news/html/20200522/k10012439921000.html（2020年6月1日情報最終確認）、日本小児科学会「新型コロナウイルス感染症に関するQ&Aについて」, https://www.jpeds.or.jp/modules/activity/index.php?content_id=326（2020年6月1日情報最終確認）、東京新聞（2020年4月25日）「〈新型コロナ〉発達障害児、窮地　在宅でリズム崩し自傷　親もストレス懸念」, https://www.tokyo-np.co.jp/article/17037（2020年6月1日情報最終確認）などがあった。また、厚生労働省にも関連情報をアーカイブしたウェブページがある。「障害福祉サービス等事業所における新型コロナウイルス感染症への対応等について」, https://www.mhlw.go.jp/stf/

seisakunitsuite/bunya/0000121431_00097.html （2020年6月1日情報最終確認）。
さらに、時事ドットコム（2020年3月5日）「弱者にしわ寄せの懸念　難病患者、
視覚障害者ら──マスク不足などで・新型コロナ」, https://www.jiji.com/jc/
article?k=2020030500200&g=soc （2020年6月1日情報最終確認）、朝日新聞
（2020年4月22日）「休校知らなかった親　情報から孤立する外国人に目を」,
https://www.asahi.com/articles/ASN4P62G4N4JULFA00S.html （2020年6月1日
情報最終確認）

12)　たとえば、東洋経済オンラインの次の記事などでは、慎重に記述をしている。「コ
ロナ感染者状況を毎日追って見えてきた現実『正しく恐れる』ためのデータの見方
や注意点」（2020年4月16日）, https://toyokeizai.net/articles/-/344450?page=3
（2020年6月1日情報最終確認）

13)　たとえば、The New York Times,「Those We've Lost」ではコロナ禍で命を落と
した人たちの情報──ライフヒストリーなど──をアーカイブする取り組みをおこ
なっている。https://www.nytimes.com/interactive/2020/obituaries/people-died-
coronavirus-obituaries.html （2020年6月1日情報最終確認）　そして、この取り
組みの一端は、日本でも紹介された。たとえば、朝日新聞（2020年5月24日）「NYT
が活字のみの1面　1千人のコロナ死者名を掲載」など。https://www.asahi.com/
articles/ASN5S2SM2N5SUHBI001.html　さらに、RUETER（2020年3月16日）「訃
報だけで10ページ、感染広がるイタリアの新聞」, https://jp.reuters.com/video/
watch/idOWjpvCAICMK6VN9RUTFI2MZ0X7CB2IT （2020年6月1日情報最終確
認）

14)　ファクトチェック・イニシアティブ「新型コロナウイルス特設サイト」, https://fij.
info/coronavirus-feature （2020年6月1日情報最終確認）

〈参考文献〉

AFPBB News（2020年3月10日）密造酒飲み27人死亡、新型ウイルスに効くとのデマ信
じイラン（発信地テヘラン／イラン）, https://www.afpbb.com/articles/-/3272464
（2020年5月27日情報最終確認）

AFPBB News（2020年4月28日）「聴覚障害の夫婦、口元が見える透明マスク開発インド
ネシア」, https://www.afpbb.com/articles/-/3280778 （2020年6月1日情報最終確
認）

秋山隆平（2007）『情報大爆発──コミュニケーション・デザインはどう変わるか』宣伝
会議.

青木紀美子（2020）「『パンデミック』×『インフォデミック』に立ち向かう『連携』──

世界の動きから」文研ブログ2020.4.23.　https://www.nhk.or.jp/bunken-blog/100/
427890.html（2020年6月15日情報最終確認）

朝日新聞（2020年4月13日）「愛知県警，誤情報ツイートで謝罪『息止めて我慢して…』」
（2020年5月27日情報最終確認）

朝日新聞（2020年4月13日）「『コロナ疎開』どんな事情あるの　知事らは自粛呼びかけ」
（2020年5月27日情報最終確認）

Beck, Ulrich（1986）*RISIKOGESELLSCHAFT: Auf dem Weg in eine andere Moderne,*
Suhrkamp Verkag.〔ウルリヒ・ベック（1998）『危険社会——新しい近代への道』（叢
書・ウニベルシタス）東　廉・伊藤美登里訳，法政大学出版局〕

BuzzFeed News（2020年4月2日）「国内の新型コロナ感染者『3分の1が外国籍』は誤
り。グラフが拡散、厚労省の見解は」，https://www.buzzfeed.com/jp/kotahatachi/
unknown-cause-china-21（2020年5月27日情報最終確認）

BuzzFeed News（2020年5月25日）「メディアリテラシーは役に立たない？　新型コロナ
についての情報に惑わされないため、必要なこと」，https://www.buzzfeed.com/jp/
yutochiba/life-with-covid-19-2（2020年6月1日情報最終確認）

CDC（2020）「Does CDC recommend the use of facemasks or facecoverings to
prevent covid-19?」，https://www.cdc.gov/coronavirus/2019-ncov/faq.html
#How-to-Protect-Yourself（2020年5月27日情報最終確認）

COURRIER JAPON（2020年4月8日）「聴覚障がい者にやさしい『窓つきマスク』を大
学生が手作り」，https://courrier.jp/news/archives/196408/（2020年6月1日情報
最終確認）

市野澤潤平（2014）「リスク・コンシャスな主体（第Ⅱ部　イントロダクション）」『リス
クの人類学——不確実な世界を生きる』東賢太朗・市野澤潤平・木村周平・飯田　卓
編著，世界思想社，pp.121-131．

時事ドットコム（2020年4月8日）「マスクに予防の証拠なし　政策決定には注意を——
ＷＨＯ」，https://www.jiji.com/jc/article?k=2020040800953&g=int（2020年5月
27日情報最終確認）

河北新報オンラインニュース（2020年5月22日）「医療従事者、差別に苦しむ　保育所『利
用控えて』　タクシーは乗車拒否」，https://kahoku.news/articles/20200522kho000
000036000c.html（2020年5月27日情報最終確認）

神戸新聞（2020年4月15日）「手話通訳者に安心を　口元の動き見える透明マスク」，
https://www.kobe-np.co.jp/rentoku/covid19/202004/0013272587.shtml?pg=6
（2020年6月1日情報確認）

近藤誠司（2020a）「調査報告：COVID-19 新聞記事にみる情報トレンド分析1」，http://

www.kansai-u.ac.jp/Fc_ss/center/disaster/covid19/pdf/covid19_trend_01.pdf
（2020年5月31日情報確認）

近藤誠司（2020b）「調査報告：COVID-19　新聞記事にみる情報トレンド分析2」，
http://www.kansai-u.ac.jp/Fc_ss/center/disaster/covid19/pdf/covid19_trend_02.
pdf（2020年6月1日情報確認）

近藤誠司（2020c）「調査報告：COVID-19　新聞記事にみる情報トレンド分析5」，
http://www.kansai-u.ac.jp/Fc_ss/center/disaster/covid19/pdf/covid19_trend_05.
pdf（2020年6月1日情報確認）

厚生労働省「新型コロナウイルス感染症への対応について（高齢者の皆さまへ）」，https://
www.mhlw.go.jp/stf/seisakunitsuite/bunya/hukushi_kaigo/kaigo_koureisha/
yobou/index_00013.html（2020年6月1日情報確認）

毎日新聞（2020年4月10日）「学生に『バイト来るな』大学に『住所教えろ』クラスター
発生の京産大へ差別相次ぐ」

日本経済新聞電子版（2020年4月5日）「情報パンデミックの拡散力、SARSの68倍　新型
コロナ」，https://www.nikkei.com/article/DGXMZO57686360V00C20A4SHA000/
（2020年5月27日情報最終確認）

日本災害情報学会編（2016）『災害情報学事典』朝倉書店.

日本赤十字社「新型コロナウイルスの3つの顔を知ろう！──負のスパイラルを断ち切る
ために」，http://www.jrc.or.jp/activity/saigai/news/200326_006124.html（2020年
6月1日情報確認）

岡田憲夫（2008）「地域経営の視角とマネジメントの実際──地域経営アドバイザー養成
セミナーの記録2」『RIIM report』6号，建設コンサルタンツ協会インフラストラク
チャー研究所，p.38.

沖縄タイムズ（2020年4月23日）「『マスク外してとは言えず…』聴覚障がい者、コロナ
で困惑　表情が見えず意思疎通に壁」，https://www.okinawatimes.co.jp/articles/-/
562936（2020年6月1日情報最終確認）

大澤真幸（2011）『社会は絶えず夢を見ている』朝日出版社.

Reuters（2020.2.28）Partly false claim: a 1981 book predicted the coronavirus 2019
outbreak, https://www.reuters.com/article/uk-factcheck-coronavirus-koontz-
book/partly-false-claima-1981-book-predicted-the-coronavirus-2019-outbreak-
idUSKCN20M19I（2020年6月1日情報確認）

武田　徹・藤田真文・山田健太監修（2011）『現代ジャーナリズム事典』三省堂.

The VERGE（2020年4月4日）British 5G towers are being set on fire because of
coronavirus conspiracy theories, https://www.theverge.com/2020/4/4/21207927/

5g-towers-burning-uk-coronavirus-conspiracy-theory-link（2020年5月27日情報最終確認）

東洋経済ONLINE（2020年5月10日）「コロナの膨大な情報に踊らされないための心得——都合よく解釈せず裏側にも想像力を働かそう」，https://toyokeizai.net/articles/-/349048（2020年5月27日情報最終確認）

辻田真佐憲（2020）「多発する『自粛警察』の全貌……背景に『正義の暴走』と『嫉妬の発露』」現代ビジネス（2020年5月30日），https://gendai.ismedia.jp/articles/-/72910 2020年6月1日情報最終確認）

宇野常寛（2020）『遅いインターネット』幻冬舎.

渡辺武達・山口功二・野原　仁編『メディア用語基本事典』（2011）世界思想社.

WHO（2020a）WHO Director-General's opening remarks at the media briefing on COVID-19-11 March 2020, https://www.who.int/dg/speeches/detail/who-director-general-s-opening-remarks-at-the-media-briefing-on-covid-19---11-march-2020（2020年5月31日情報最終確認）

WHO（2020b）「Coronavirus disease（COVID-19）advice for the public: When and how to use masks」, https://www.who.int/emergencies/diseases/novel-coronavirus-2019/advice-for-public/when-and-how-to-use-masks（2020年5月27日情報最終確認）

保田浩一（2020）「『命の線引きされた気持ち』新型コロナ拡大が招く『外国人嫌悪』の危うさ」YAHOO! JAPANニュース, https://news.yahoo.co.jp/byline/yasudakoichi/20200404-00171271/（2020年5月27日情報最終確認）

終章

リアリティのリアリティ

　本書の**第Ⅰ部**は「理論編」であり、災害報道を統一的に検証するための理論フレーム、「メディア・イベントをめぐるリアリティの共同構築モデル」を提起した。**第Ⅱ部**は「分析編」で、理論フレームを使って災害報道の課題を抽出してみた。**第Ⅲ部**は「実践編」で、理論フレームを援用しながら、災害報道の充実化に向けてわれわれはいま何を為すことができるのか、あらたなアプローチを紹介し、そのポテンシャリティを検討した。

　もちろん、本書で基軸としてきた「理論フレーム」、あるいは、理念モデルは、物事を整理するための、ひとつの道具に過ぎない。それは、実践の現場において妥当性を検証しながら、説得的に鍛え上げられていくべきものである。だから、まずはその無謬性を、強く疑っておかなければなるまい。本書が提起した「メディア・イベントをめぐるリアリティの共同構築モデル」の限界を、最終章ではしっかりと見極めておこう。課題を手放さずに見据えることで、またあらたな境地を切り開くことができる。

　ここには、以下に5つの観点から——もちろん、まだまだ不足している視点もあるはずだが——検討課題を明記しておく。

　まず1つ目は、リアリティを共同で構築したからといって、必ずしも「正解」にたどりつくとは限らないという点があげられる。極端にいえば、構成員がみな、誤った方向に走り出し、全滅してしまうことさえありえる。わかりやすい例をあげるならば、すぐに思いつくのは、東日本大震災の直後に批判された「原子力ムラ」である。産・官・学・政、そしてメディアが、"鉄の結束"を築いていたとも言われる「原子力ムラ」は、当事者たちにとってみれば、同じ夢——ある種のリアリティ——を描いていたはずである。そこには何が不足していたのかといえば、意見を異にする部外者に向けた「開放性（openness）」だった

と指摘することができる。「リアリティの共同構築モデル」は、だから、仲間内で閉じてしまってはいけない。俗にいう、"よそ者・若者・バカ者"——多様な他者たち——に常に開いて、多様なリアリティを吸収していかなければなるまい。特に、マスメディア業界は、組織ごとに内向きの論理を強固に持っているとも言われ、さらに、記者クラブなどの独特な仕組みを墨守して横並びになっているふしもあり、本当の意味での「外部」と手を取り結ぶことが苦手な人が数多くいるようである。世にあまたある「風通しが悪い企業風土」を批判している当のメディア自身が、最も「自分たちは風通しが悪い」と思い合っていること自体、そろそろ卒業する必要がある。

　ところで、「リアリティの共同構築モデル」の図を見て、四者しか描き込まれていないことを論難する声もある。それは確かにそうであり、「学校」や「病院」や「NPO」等、多様な主体がいることも確かである。モデル図の制約を念頭に置くならば、これはあくまでも〈モデル０〉（理念系）であると受け止めていただきたい。また、ローカルな現場ごとにリアリティの共同構築性を打ち立てた場合、インターローカルな関係性（inter-locality）を築く方略が有効であると考えられる。「広島モデル」（第8章）を例にあげるならば、広島だけで当該モデルの検証をおこなっていても、なかなか視野が広がらず、すぐに行き詰まりをみせるかもしれない。たとえば、別の災害を経験した離れた場所で類似の取り組みがあれば、たがいのリアリティを照合しあうようなベクトルを生み出して、より豊かな、あるいはタフなリアリティを構築する道すじを得ることができるものと考える。

　２つ目として、だからたゆまず「成解（社会的成立解）」（岡田，2008）を探索し続ける姿勢が求められる。そこに、終わりなどない。現時点における到達点を自覚したうえで、ともにねばり強く歩むしかない。繰り返せば、このときの「自覚」のしかたが、各主体のロジックだけに任せておくと、どんどん内向きに転回していき、元の木阿弥、いつまでたっても同じことの繰り返しになるという問題構造自体を打破しなければなるまい。ここで求められているのは、各主体の「分担」（だけ）ではなくて、「連帯」することである。たがいに一歩前に踏み出すのだ。そろそろ「減災の正四面体モデル」（静的にみえる連携）を乗り越えて、われわれはインタラクションのダイナミズムを総体として捕捉で

きるようにならなければなるまい（動的な連帯）。

　コロナ禍のさなかにある現在（本稿執筆時の2021年春）でいえば、ジャーナリストには「ウィズ・シチズン（with citizen）」の構え、あるいはジャーナリストであるまえに自身が市民であることのフィーリング（citizenship）、すこし懐かしい言葉でいえば、「アズ・ネイバーフッド（as neighborhood）」の心性が強く要請される。ここには、「sympathy」（上から目線で同情すること）という関り方を早く超克して、「empathy」（同じ立場で共感すること）のありかたを追求していくという根源的な課題が残されている（近藤, 2021）。

　3つ目に、立場を異にするリアリティ・ステイクホルダー同士の共同構築性を主張するからといって、もちろんそれぞれの「プロフェッション」（専門性）を低く見積もってはならない点も急いで補足しておかなければなるまい。行政担当者や専門家の"専門知"、そして、地域住民のローカルな"実践知"、さらにいえば、互いの"暗黙知"を、まずはきちんとリスペクトすることが大前提となる。事態に内在し、一歩前に踏み出すからといって、やみくもに迎合・結託・忖度するのであっては、建設的な作用を生み出すことはできない。知識・情報の確度を担保する、ジャーナリストとしての矜持は失われてはならない。

　本書の第1章では説明しきれなかったが、「災害報道の基本4象限」のなかにおける「時間軸（緊急⇔伝承）」に関して補足しておくと、日常的な災害報道に関する真摯な取り組みの積み重ねが、リアリティ・ステイクホルダーとの信頼関係をより強固なものとし、後世に向けて伝承していく情報の重みを増す可能性がある。すなわち、「リアリティの積分」である。その一方で、信頼関係を基盤としてリアリティが形成されているならば、緊急の対応であった場合において、一気にリアリティを高めることができる可能性がある。すなわち、「リアリティの微分」である。これらは、一朝一夕で出来あがるものではない。しかし、まったく不可能というものでもない。「あのメディアならば信用できる」、「あのジャーナリストならば信頼できる」という、固有のプロフェッションに対するリスペクトが、情報のリアリティの多くを決していることも、また事実である。逆に言えば、災害時にどんなに尽力したとしても、普段から見放されているようなメディアが流す情報には、人々は振り向かない可能性が高い。これは、リスク・コミュニケーションにおける「リーダーシップ論（リーダーの

危機管理広報）」の議論とパラレルである。たとえば、コロナ禍に関する情報は、信頼の厚いリーダーが発信する場合と、そうでないリーダーが発信する場合とでは、仮に内容がほとんど同じだったとしても市民の受け止め方に雲泥の差が出たことは、たくさん目撃してきたのではあるまいか。

　４つ目に、だからこそ、ジャーナリストは、現場（理想）と職場（現実）を“往還”することが要請される。ジャーナリストが事態にコミットメント（commitment）した際には、やはり、冷静に引き戻ってくる余地（デタッチメント＝detachment）が必要になる。“ミイラとりがミイラになる”という陥穽が、そこには常に待ち受けているからだ。「連帯」するには、一定の緊張感が求められる。常に、これでよいのか、別の見立てはないのか、いまの関係性で好循環を生み出しているといえるのか、と考究し続けるタフネスが求められるだろう。そして、ビジョンを見失わないこと、どこまでも問題を手放さないこと（アタッチメント＝attachment＝愛着をもつこと）が求められる。

　最後に５つ目は、これは筆者自身の主張に対して根本的な疑義をさしはさむことになるのだが、“ともにコトをなす”からといって、「リアリティが共同構築できているはずだ」と思い込むことにも、いったん留保してみる必要がある。**第９章**でもすこし指摘しておいた「共約不可能性」（たとえば、川野・八ッ塚・本山, 2014）があることを前提にして、それでも同じ事態をめぐって「共振」（たとえば、中村, 1993）できる地平があることに、筆者は賭けたいと思う。われわれは、たがいを理解しきることなどできないだろう。しかしそれでも、「理解しきることができないことを、たがいに理解しあっている」のだ。

　ここでひとつだけ参考となるアプローチをあげるならば、昨今、精神科医療の現場で注目を集めている「オープンダイアローグ」の構え（森川, 2021）を援用してみてはどうだろうか。フィンランドのケロプダス病院の７原則は、災害報道の現場において、ジャーナリストに求められる心構えに適用されるべき事項ばかりである。以下に列挙しておこう。なお、日本語訳は、本書の文脈に寄せて、筆者が（かなり）意訳している。

　　１　「Immediate help」　すぐに手をさしのべる

　　２　「Social network perspective」　関係性のなかで事態をまなざす

3　「Flexibility and mobility」　柔軟に構える

4　「Responsibility」　応答する回路を保持する

5　「Psychological continuity」　持続的に関わる

6　「Tolerance of uncertainty」　正解がなくても共に歩み続ける

7　「Dialogism」　対話を重ねる

　本書では、「情報」の正誤や遅速にとらわれすぎて疲弊している現有の災害報道の真なるポテンシャリティを掬いだすために、「リアリティ」の層からまなざすことを提唱してきた。それは、閉塞した現場に「余裕」（margin）を生み出す脱出路を示したことを意味している。ここまで読んでくださった方々にとって、「リアリティ」ということばのリアリティは、すこしは変容したであろうか。その"謎"は深まりながらも、ひょっとしたらそこには「希望」があるかもしれないと"魅惑"（charm）を感じることができただろうか。

　この道行きを確かなものにするためには、さらに理論を精緻化するとともに、実践を積み上げていく営為も求められる。本書ではふれることができなかったが、筆者の研究室では、ローカル・メディアを活用した共同実践プロジェクトを数多くおこなっており、これらの成果は、また別の機会に世に送り届けていくつもりである。そしておそらく、災害報道研究のアプローチが、「災害情報研究」、「（社会）情報学」というより大きな領野に対しても良質な刺激を与えるものと確信している。

　災害報道の現場において、やれることは、まだたくさんある。扉は閉ざされてはいない。かえってたくさんの扉があり過ぎて、どれを開くか迷うほどである。ぜひ、読者諸賢と"心ある道"をともに歩むことができればと願っている。

〈参考文献〉

川野健治・八ッ塚一郎・本山方子（2014）『物語りと共約幻想』（質的心理学フォーラム選書２）新曜社.

近藤誠司（2021）「インフォデミック　その光と闇を見晴るかす」『新型コロナで世の中がエライことになったので関西大学がいろいろ考えた。』関西大学編，浪速社.

森川すいめい（2021）『感じるオープンダイアローグ』講談社.

中村雄二郎（1993）『共振する世界』青土社．

岡田憲夫（2008）「地域経営の視角とマネジメントの実際——地域経営アドバイザー養成セミナーの記録2」『RIIM report』6号，建設コンサルタンツ協会インフラストラクチャー研究所，p.38.

あとがき

　最後に、自身のリアリティを解放して、筆を擱くことにしたい。ここまでペダンティックな議論にお付き合いいただいた読者諸賢は、ゆるやかに本書を閉じて、目の前の（過酷な、しかし豊饒な）現実に向き合っていただければと思う。

　筆者は約20年間、テレビ局でディレクターの仕事をしていたので、ありがたいことにいまでもよく、メディア業界の人たちから連絡が届く。そのうちの8割は、仕事の相談・照会である。ネタが欲しい。何かおもしろい話題はないか。それから、出演の依頼。ちょっと尺が厳しく演出がややこしい番組なので、うまいこと“専門家的な”立場でトークして、時間内にまるっとおさめてくれないか……等。

　残りの2割のうちの多くは、どうにも“変化球”である。災害の〇〇という話題、防災の××という話題に関して、だれか“ハンドリングしやすい専門家”（気難しくなくて、しゃべりが軽妙で、メールのレスポンスがクイックで、親切な人……のことを指しているらしい）を紹介してほしい。△△大学の□□先生にこれから出演依頼しようと思っているのだけど、あの人、だいじょうぶかな？　エキセントリックな人物と議論しているひまはないので、評判とキャラクターを端的に教えてほしい……等。

　そして最後の残余は、やや気が重い相談である。そろそろメディアの仕事に見切りをつけようと思うのだけれども、転職するコツを教えてほしい。退職届って書いたの？　年収は下がった？　住宅ローンは借り換えしたの？　大学の仕事って、なんだか楽しそうでいいよね……。定年の手前くらいまで勤めておけば、大学の教授職とかに“天下り”できるポストってあるんだっけ？　え、学位論文が要るの？　それってすぐ書けた？

　コロナ禍に突入するまえに、ある報道機関の、あるグループから、講演の依

頼をいただいた。テーマは、「働き方改革と災害報道について」であった。災害報道を充実させようと思えば思うほど、勤務時間が増えてしまって、どうにも"働き方"がままならない。組織の規定の建前と齟齬をきたしてしまう。そもそも、ワークライフ・バランスって、何？　コンプライアンスを墨守することが至上命題だというならば、被災地なんかに行かないほうが、よっぽどトラブルに見舞われずに済むのではないか……。わざわざ市民に呼びかけるから失敗するのであって、呼びかけないほうがいいのではないか。どうせ、すべて世の中、自己責任ってことでまわっているんだから……。

　おそらく……、みんなちょっと疲れているのではないかと思う。空気が閉塞しているのではないかと感じる。絶対的な「正解」を求めすぎているのではないだろうか。結論を急ぎ過ぎているのではないだろうか。どこか余裕を失っているように思えてならない。

　（災害）報道は、とてもやりがいがある仕事である。命を守り、救い、支えるために、とことん使命を探究していくことができる。すばらしい営為ではあるまいか。"心ある道"をともに歩んでいくことができるはずだ。

　メディアには、まだ可能性がある。筆者は、そのポテンシャリティを最大限に引き出せていないだけなのではないかと感じている。本書では、おもに「マスメディア」——しかも、放送メディア——を念頭に置いて記述しているが、「ローカル・メディア」——リージョナル・メディアやハンドメイド・メディア、オウンド・メディアなど——にも"無限の可能性"がある。クロスメディアの展開も、古くて新しいテーマのはずだ。必ず、このことは別の著作で論じたいと思う。

　無限の可能性？　何か甘い蜜のような話に聞こえているだろうか。最後の最後に高邁な理想論なのかと。しかし、原理的に言って、情報には——扱いかたを間違えなければ——無限の可能性が開けている。カネやモノは、消費したらなくなってしまう。ペットボトルに水が入っている。わたしが半分飲めば、残りは半分しかない。飲み干せば、ゼロになる。しかし、情報は違う。わたしが手にした情報は、だれかに伝えれば、すでにして2倍にふくらんでいる。その

人がさらにほかのだれかに伝えれば、4倍に、8倍に……、どんどん増えていく。磨かれていく。空間を超えて、さらには時間を超えていくことだってできる。そんな夢のある領野って、他にあるだろうか。

　もちろん、このプロセスのなかで、「リアリティ」が幅を利かせてくる。よい意味で作用——情報が補正されたり、改善されたり——するかもしれないし、悪い意味で作用——混濁したり、曲解されたり——するかもしれない。そのリアリティの層をモニターしあえる回路を社会に実装していくことによって、わたしたちは新たな地平に立つことができる。そう、それはきっと、さわやかな高原のような見晴らしのよい地平に……。

　だから、たがいのこころの声が聞こえるように、しっかりとチューニングすることが大切なのだ。本書は、そのために編まれた。もちろん、自分の心の声にも耳を傾けよう。日常の忙しさのなかで、「心を亡くさない」ようにするために。

　本書を執筆するにあたっては、たくさんの人たちにお世話になりました。報道関係者のみなさん、特にNHKの元同僚のみなさん、そして、アカデミック・コミュニティのみなさん、特に関西大学社会安全学部の同僚のみなさん、それからフィールドでお世話になっているみなさん、研究室の大学院生のみなさん、学部のゼミの仲間たち、関西大学出版部のみなさん、ここにあらためて感謝のことばを贈ります。また、編集工房レイヴンの原章さんには、本書の細部に至るまで目を遣り心を配っていただきました。ありがとうございました。

　そして本書は、わが師、京都大学防災研究所の矢守克也先生の導きがなければ、こうして世に送り出されることはなかったと断言できます。これまでにたくさんの教えをいただきました。きめこまやかにこころを砕いていただいたことのわたしなりの応答——not answer but response——が、ひとまずこの小著として結実しました。本書に、もし印象に残る"味わい"があったとするならば、それはすべて、先回りして師が投じた具材とスパイスの調合のおかげです。逆に、後味の悪い瑕疵が見つかったとするならば、それは筆者の浅学ゆえのこと。これからも、気を引き締めて歩みたいと思います。

読者諸賢におかれましては、本書を通じてすこしでも「災害報道研究」の道行きに関心を抱いていただけましたならば、筆者としては望外の喜びです。

　2021年8月　吉日

近藤誠司

　本書は、筆者が京都大学大学院情報学研究科に提出した学位論文「災害報道をめぐるリアリティの共同構築」（Issue date: 2013-09-24）に大幅に手を加えて、編まれたものである。

　本書第Ⅱ部第4章は、日本災害情報学会が発刊する学術誌『災害情報』に掲載された査読論文、「東日本大震災の津波来襲時における社会的なリアリティの構築過程に関する考察　〜ＮＨＫの緊急報道を題材としたメディア・イベント分析〜」（近藤誠司・矢守克也・奥村与志弘・李旉昕: No.10, pp.77-90, 2012）に加筆したものである。

　また、第5章は、日本自然災害学会が発刊する学術誌『自然災害科学』に掲載された査読論文、「被災者に"寄り添った"災害報道に関する一考察　―5.12中国汶川大地震の事例を通して―」（Vol.28, No.2, pp.137-149, 2009）を大幅に改訂したものである。

　第Ⅳ部第10章は、関西大学社会安全学部『社会安全学研究』（第11巻: pp.85-95）に掲載された査読論文（速報論文）、「COVID-19 インフォデミックの諸相」を、なるべく当初（2020年6月）の筆致を残すかたちで再編集した。日本にとって最初の緊急事態宣言下に編まれた粗いスケッチの論考ではあるが、そのことも含めてレコードしておく価値があると考えたからである。

　本書の基幹部分の考察（特に第Ⅰ部）に関しては、平成26年度〜平成27年度科学研究費補助金（研究活動スタート支援）「地域防災に資する災害報道のベターメントを目指した基礎的考察」（課題番号：26882054）の助成による成果をもとにしている。

　本研究の一部は、2021年度関西大学学術研究員研究費によって行われ、京都大学防災研究所（矢守克也研究室）の在任中に執筆された。あらためて関係者の皆さまに御礼を申し上げます。

索引

●災害名

著者紹介

近藤　誠司（こんどう・せいじ）

1994年、NHKに入局。約20年間、ディレクターとして災害報道などに携わる。NHK神戸放送局「震災メッセージ」シリーズの企画・制作で、総務省消防庁の「防災まちづくり大賞」（消防科学研究センター理事長賞）を受賞。NHKスペシャル「メガクエイク　巨大地震　〜KOBE　15秒の真実〜」(2010年)で、科学技術映像祭・内閣総理大臣賞、中華人民共和国・国際科学教育番組コンクール・銀獅子賞を受賞。

2013年、京都大学大学院情報学研究科社会情報学専攻（博士後期課程）指導認定退学、博士（情報学）。翌年NHKを退職し、関西大学社会安全学部安全マネジメント学科の助教となる。2015年、同准教授。2022年、同教授。現在に至る。2018年、日本災害情報学会・廣井賞（社会的功績部門）受賞。2020年、ぼうさい甲子園グランプリ。2020年・2021年、ジャパン・レジリエンス・アワード（教育機関部門）金賞を受賞。

人と防災未来センター・リサーチフェロー、日本災害復興学会理事（副編集委員長）、日本災害情報学会理事（編集委員幹事）、社会貢献学会理事、地区防災計画学会幹事などを務める。

災害報道とリアリティ
情報学の新たな地平

2022年2月10日　第1刷発行
2022年6月15日　第2刷発行

著　者　近　藤　誠　司
発行所　関　西　大　学　出　版　部
〒564-8680　大阪府吹田市山手町 3 - 3 - 35
TEL 06-6368-1121／FAX 06-6389-5162

印刷所　株式会社広済堂ネクスト
〒541-0043　大阪市中央区高麗橋 4 - 1 - 1
興銀ビル 2 階

Ⓒ2022　Seiji KONDO　　　　　　　　　　　Printed in Japan

カバーデザイン：上野かおる
編集協力：原章（編集工房レイヴン）
ISBN 978-4-87354-747-3　C3036　　　　落丁・乱丁はお取替えいたします。